**rowohlts
monographien
herausgegeben
von
Kurt und Beate Kusenberg**

Luis Buñuel

**in Selbstzeugnissen
und Bilddokumenten
dargestellt von
Michael Schwarze**

Rowohlt

Dieser Band wurde eigens für «rowohlts monographien» geschrieben
Den Anhang besorgte der Autor
Herausgeber: Kurt und Beate Kusenberg
Assistenz: Erika Ahlers
Umschlagentwurf: Werner Rebhuhn
Vorder- und Rückseite: Aus «Luis Buñuel» von Antonio Gálvez

Veröffentlicht im Rowohlt Taschenbuch Verlag GmbH,
Reinbek bei Hamburg, Februar 1981
Copyright © 1981 by Rowohlt Taschenbuch Verlag GmbH,
Reinbek bei Hamburg
Alle Rechte an dieser Ausgabe vorbehalten
Satz Times (Linotron 404)
Gesamtherstellung Clausen & Bosse, Leck
Printed in Germany
680-ISBN 3 499 50292 5

Inhalt

Luis Buñuel in Mexiko, 1962

«Die Glocken läuteten immerzu»

In Calanda, einem kleinen Dorf in der aragonischen Provinz Teruel, beginnt in der «romper de hora», der Sterbestunde Christi, eine unheimliche Prozession, die erst am Tag der Auferstehung endet. Einen Tag und eine Nacht lang marschieren einige hundert Männer in dunklen Kutten, die Kapuzen über den Kopf gezogen, durch die engen Gassen des Ortes und schlagen im dumpfen, unheilverkündenden Rhythmus ihre Trommeln. Wenn einer der Trommler ermüdet, übernimmt ein anderer sein Instrument; fast 24 Stunden dauert dieser beklemmende Ritus, den nur die kräftigsten Männer bis zum Ende durchstehen können.

In Calanda wurde Luis Buñuel am 22. Februar 1900 geboren. In der Karwoche ist Buñuel über viele Jahre immer wieder in sein Heimatdorf zurückgekehrt, hat sich eine Trommel umgehängt, und an jener Prozession teilgenommen, die eine ungebändigte, fast archaische Religiosität auszudrücken scheint. Die Bilder seiner Kindheit haben Buñuel nie losgelassen. Als er schon weit über 60 Jahre alt war, wollte er sie in einem Dokumentarfilm festhalten. Der Film sollte die einsamen Hirten von Calanda zeigen, die armen Bauern und die *fürchterliche Prozession*[1]*.

Calanda liegt in einem jener kargen, öden Landstriche Spaniens, «wo, einer volkstümlichen Redensart zufolge, die Sommer so heiß sind, daß die Hunde beim Überqueren der Straße sterben, und die Winter so kalt, daß der Regen schon in der Luft zu Eis gefriert. In Calanda ist der Wein bitter, und die Menschen sind schweigsam und haben einen Hang zu idealistischen Utopien, zu Starrköpfigkeit und Maßlosigkeit im Guten wie im Schlechten.»[2]

Calanda war um die Jahrhundertwende ein von der Neuzeit kaum berührtes Dorf. *Hier herrschte eine absolut feudale Atmosphäre. Die Glocken der Kirche läuteten immerzu, bei Feuergefahr, wenn jemand im Sterben lag, zur Messe oder zur Vesper. So hörte ich den ganzen Tag die Glocken der Kirche, die mich jedesmal sehr bewegten. Das gesellschaftliche Leben war geprägt vom Feudalismus. Ich lebte ausschließlich in dieser Atmosphäre. Vielleicht ist es das, was in mir ein besonderes Interesse für das Mittelalter erweckt hat. Ich glaube, daß die Menschen des Mittelal-*

---

* Die hochgestellten Ziffern verweisen auf die Anmerkungen S. 123 f.

Buñuels Geburtshaus in Calanda

ters viel mehr nach Innen gerichtet lebten, daß sie ein geistig intensiveres Leben führten.[3]

Die Genealogie der Buñuels läßt sich bis ins 16. Jahrhundert zurückverfolgen. Der Großvater von Luis war Arbeiter und hatte zwei Söhne: Joacquin, der 1908 an der Cholera starb, und Leonardo, der Vater Buñuels, der mit vierzehn Jahren von zu Hause ausriß, um bei der spanischen Armee Kornett zu werden. Er nahm am Krieg Kubas gegen die USA teil, blieb danach in Amerika, eröffnete ein Eisenwarengeschäft und brachte es zu einigem Wohlstand. Im Jahre 1899 kehrte Leonardo Buñuel nach Spanien zurück. Er hatte sich vorgenommen, das gesünde-

Osterprozession in Calanda

ste und schönste Mädchen von Calanda zu heiraten, und die Wahl scheint ihm nicht schwer geworden zu sein, denn noch im gleichen Jahr nahm er die siebzehnjährige Maria Portoles, Tochter eines reichen Gastwirts, zur Frau. Das Paar hatte sieben Kinder: Luis, Maria (geboren 1901), Alicia (1902), Conchita (Luis' Lieblingsschwester, 1904), Leonardo (1910), Margarita (1912) und Alfonso (1915), der Architekt wurde und den spanischen Surrealisten nahestand.

Die Mutterfiguren von geradezu monströser Herzlosigkeit, die wir aus Buñuels Filmen kennen, könnten die Vermutung nähren, die Kinder hätten unter Lieblosigkeit gelitten. Das Gegenteil war der Fall. Sie wur-

9

den von der Mutter abgöttisch verehrt, besonders Luis, der Älteste, dessen Foto Maria Buñuel in späteren Jahren absichtsvoll neben die Bilder der letzten Päpste auf die Kommode stellte.

Auch für den Vater war die Bestrafung der ärgsten Kinderstreiche eher Pflicht als Neigung. Als Luis und seine Schwester Conchita die Höhlen der Umgebung erkundeten und sich verirrten, reagierten die Eltern keineswegs so despotisch, wie es zu Beginn des Jahrhunderts üblich war. Die Schwester Conchita hat sich dieser Episode später so erinnert: «Ich habe die Angst, die wir damals hatten, vergessen, wie man einen physischen Schmerz vergißt. Aber ich entsinne mich noch sehr gut unserer Freude, als man uns fand, und unserer Angst vor der Strafe. Strafe gab es keine, weil unsere Situation schon erbärmlich genug war ... Zwei oder drei Tage redeten unsere Eltern nur in der dritten Person mit uns. Aber wenn sie glaubten, wir hörten es nicht, erzählte mein Vater Besuchern unser Abenteuer, wobei er die Gefahr gewaltig übertrieb und Luis' Opfer [er hatte seiner hungernden Schwester angeboten, sich verspeisen zu lassen] groß herausstrich.»[4]

Schon bald nach der Geburt von Luis zog die Familie von Calanda in das zwei Stunden entfernte Zaragoza, die Hauptstadt Aragoniens. Der Vater, nun schon ein sehr wohlhabender Großgrundbesitzer, verpachtete seine Ländereien, doch jedes Jahr verbrachte Luis einige Monate in seinem Heimatdorf. So war er mit beidem vertraut: dem Urbanen und dem Rustikalen, und sicher ist es dieser genauen Kenntnis zuzuschreiben, daß er in seinen Filmen weder das Landleben zur bukolischen Idylle hochstilisiert noch die Stadt mit dem Mißtrauen des Menschen aus der Provinz geschildert hat.

Luis Buñuel wurde von den Jesuiten erzogen, und keine seiner Kindheits- und Jugenderfahrungen hat tiefere Spuren in seinem Werk hinterlassen. Seine Kindheit, so schreibt er in einer autobiographischen Notiz des Jahres 1938[5], sei vor allem mit zwei wesentlichen Gefühlen verknüpft gewesen: einer dunklen Begierde, die anfangs noch im religiösen Glauben sublimiert worden sei, und einem ständigen Todesbewußtsein. Dies sei aber, fügte er hinzu, keinesfalls eine individuelle Eigenart gewesen, sondern habe seine Entsprechung im spanischen Nationalcharakter gefunden.

Die Sublimierung erotischer Regungen hat Buñuel sehr eindrucksvoll beschrieben. Er erzählt, daß die Jesuiten die aufkeimende sexuelle Lust ihrer Zöglinge so vollkommen auf die Jungfrau Maria abzulenken verstanden, daß die Knaben am Ende vor deren Statue masturbiert hätten. Gegen die leibfeindliche Erziehung durch die Jesuiten hat Buñuel spät, dafür aber heftig rebelliert. Als Kind scheint er sich den katholischen Normen und Ritualen willig gefügt zu haben. Er war Meßdiener und gefragter Sänger im Kirchenchor; seine Zeugnisse bestätigen schwache Leistungen in Mathematik, dafür attestierte man ihm ein im jesuitischen

Der Vater: Leonardo Buñuel

Sinne tugendhaftes Verhalten: sein Betragen, sein Fleiß, seine Ordnungsliebe und seine Frömmigkeit wurden ausdrücklich hervorgehoben. Mit sieben Jahren war Buñuel in das Kolleg der Jesuiten gekommen; er blieb dort acht Jahre, bis er, nach seinen eigenen Angaben, seinen Glauben verlor. Dann wechselte er aus freier Entscheidung in ein staatliches Gymnasium über.

Die Schwester Conchita Buñuel hat uns – nicht frei von nachträglicher Prophetie – eine Reihe von Kindheitserinnerungen überliefert, die auf eine frühe Begabung ihres Bruders für das Theatralische und eine fast surreal zu nennende Phantasie verweisen sollen. So erzählt sie von einer Theateraufführung, bei der Luis sehr souverän Regie geführt habe. Die Eltern hätten Luis, so sagt sie, von einer Reise nach Paris ein kleines Theater mitgebracht. Mit dem Einfallsreichtum der Hersteller dieser Bühne scheint es jedoch nicht weit her gewesen zu sein. Das Typenarsenal beschränkte sich auf die gängigen Pappfiguren: König, Königin,

11

Hofnarr und etliche Knappen. Diese vorgestanzte Märchenwelt sei ihrem Bruder dann doch zu alltäglich gewesen: «Luis vermehrt die Zahl der Figuren noch um einen springenden Löwen aus Zink, der in besseren Tagen auf einem Alabastersockel gestanden hatte und Briefbeschwerer gewesen war, und um einen vergoldeten Eiffelturm, der schon vom Salon über die Küche in die Rumpelkammer gewandert war. Ich kann mich nicht erinnern», erzählt Conchita Buñuel, «ob der Eiffelturm irgendeine Figur darstellte oder eine Burg, aber ich entsinne mich noch genau, wie er, festgebunden an dem steifstehenden Schwanz des schrecklichen Löwen, mit kleinen Sätzen im Thronsaal erschien. Einige Jahre später, wahrscheinlich aus einem feierlichen Anlaß, veranstaltete der Bürgermeister ein Volksfest in der Dorfschule. Mein Bruder und noch zwei andere Jungen erschienen auf der Bühne. Ihrer Verkleidung nach stellten sie eine Mischung aus Zigeuner und Bandit dar. Sie schwenkten riesige Schurscheren und sangen dazu. Obwohl es schon sehr lange her ist, entsinne ich mich noch genau des Textes:

Mit dieser Schere und meiner Schneideglut
werde ich in Spanien eine kleine Revolution anzetteln.»[6]

Am Ende war es die Kamera, mit der Buñuel Jahrzehnte später in Spanien eine kleine Revolution anzettelte. Durch den Film *Viridiana* verschreckte er den Generalissimus Franco und brachte die führenden spanischen Filmbürokraten um Amt und Würden, so daß jene Kindheitsepisode, wenn sie nicht wahr sein sollte, so doch zumindest passend erfunden ist.

Luis war ein Kind von keineswegs nur musischen Neigungen: *Ich hatte zwei Hauptinteressen: das eine galt der Musik (ich hatte Geigenunterricht genommen) und das andere galt der Naturwissenschaft*[7], außerdem faszinierte ihn das Tierverhalten: «Wir hatten», erzählt Conchita Buñuel, «damals eine riesige Ratte, die zur Familie gehörte. Sie war so groß wie ein Kaninchen und sah widerlich aus, mit ihrem langen, rauhen Schwanz. Wenn wir verreisten, nahmen wir sie in einem Papierkäfig mit, und eine Zeitlang hat sie uns das Leben kompliziert. Die Arme starb wie eine Heilige, den Symptomen nach ganz eindeutig an einer Vergiftung ... Irgendwelche Tiere haben wir immer gehabt: Affen, Papageien, Falken, Kröten und Frösche, eine oder zwei Nattern und eine große afrikanische Eidechse, die die Köchin in einer Anwandlung von Gewalttätigkeit sadistisch auf der Herdplatte mit einem Schürhaken tötete ... Wir haben geliebt und respektiert, was lebte – bis auf eine Ausnahme: die Spinnen.»[8]

Wäre es nach seinen Neigungen gegangen, hätte Buñuel wohl Zoologie oder Musik studiert. Er fragte seinen Vater, ob der ihn wohl an das Pariser Konservatorium gehen ließe, um jene Antwort zu erhalten, die

Die Mutter: Maria Buñuel, geb. Portoles, mit Luis (rechts) und Maria

Die fünf Geschwister:
Maria, Leonardo und Luis (oben), Conchita und Alicia (unten)

in einer Künstlerbiographie nicht fehlen darf: die Kunst sei brotlos. So überredete man ihn mit sanftem Druck zu einer Laufbahn, die er ganz und gar nicht einschlagen wollte: der des Agronomen. Dieses Studienfach hatte obendrein den Nachteil, daß eine beträchtliche Zahl mathematischer Vorlesungen obligatorisch war. Der Mathematik hatte aber schon in der Schule Buñuels besondere Abneigung gegolten; so quälte er sich drei Jahre und zog dann resignierend Bilanz: *Damit hatten sie erreicht, daß ich anfing, mein Studium zu hassen.*[9] Ohne Erlaubnis seines Vaters schrieb er sich 1920 für das Fach Entomologie ein: *Dieses und das nächste Jahr widmete ich dem Studium der Insekten, das, so weit es meine materielle Zukunft betraf, weit weniger lukrativ war, als wenn ich am Konservatorium studiert hätte.*[10] Dem Insektenstudium, bekennt Buñuel, sei er auch über ein Jahr mit leidlichem Interesse nachgegangen, wenngleich er bald festgestellt habe, daß ihn das Leben dieser Tiere weit mehr interessiert habe als deren Anatomie und Klassifizierung. So verzichtete Buñuel, der schnell zu einem der Lieblingsschüler des berühmten Entomologen Don Ignacio Bolívar avanciert war, auf einen universitären Abschluß in diesem Fach und begann ein drittes Studium: das der Literatur und Philosophie, in dem er 1924 examiniert wurde.

Diese entomologischen Studien haben in Buñuels Filmen Spuren hinterlassen. Nicht nur, daß Insekten ein wesentlicher Bestandteil seiner filmischen Ikonographie sind: Buñuel hat auch gelegentlich betont, er betrachte die Figuren seiner Filme aus der Perspektive des Insektenforschers: *Der Held von «El» ist ein Typus, der mich interessierte wie ein Skarabäus oder eine Anopheles. Ich habe immer eine Leidenschaft für Insekten gehabt. Ich habe etwas von einem Entomologen.*[11] Und als man ihn fragte, ob es ein Sujet gebe, das er von sich aus gern verfilmt hätte, antwortete er, er würde, wenn es nach ihm ginge, einen Film mit realistisch gezeichneten Charakteren drehen, die Eigenschaften von Insekten hätten: *Zum Beispiel würde die Heldin sich wie eine Biene verhalten, der Held wie ein Käfer usw.*[12]

Bis zum Abitur, sagte Buñuel, habe er sich nicht als Mitglied einer modernen Gesellschaft empfunden. *Der Wechsel von der Provinz in die Hauptstadt barg für mich solche Überraschungen, als wenn sich ein Kreuzfahrer plötzlich auf New Yorks Fifth Avenue wiedergefunden hätte.*[13]

In der berühmten «Residencia de Estudiantes», in der Buñuel sich immatrikuliert hatte, unterrichteten Professoren, die aus der Generation von 1898 hervorgegangen waren, eine Jugend, die als «Generation von 1927» für die bis heute letzte Blüte der spanischen Kultur in unserem Jahrhundert sorgen sollte. Das Jahr 1898 war ein Schlüsseldatum in der neueren spanischen Geschichte: Die USA hatten Erhebungen in der spanischen Kolonie Kuba zum Vorwand genommen, auf der karibischen Insel zu intervenieren. In Cavite (Philippinen) und Santiago (Kuba) wa-

Ein Jahr alt

ren die siegesgewissen spanischen Streitkräfte von den Amerikanern so vernichtend geschlagen worden, daß Spanien am 10. Dezember 1898 im Frieden von Paris zur Abtretung von Kuba gezwungen werden konnte. Damit war das Kolonialreich zusammengebrochen, die Rolle als Weltmacht ausgespielt.[14]

Die Erschütterung und Enttäuschung, die dieses «Unheilsjahr» 1898 im spanischen Bürgertum auslöste, äußerte sich in einer geistigen Erneuerungsbewegung. Unter der intellektuellen Führung von Ganivet, Unamuno und später Ortega y Gasset und Baroja Azorín ging man hart mit sich selbst ins Gericht. Das Grab des Cid müsse doppelt vermauert werden, sagte Ganivet, und meinte damit eine radikale Abkehr von allen Großmachtträumen Spaniens. Spanien müsse erst noch entdeckt werden, verlangte Unamuno. Die politische Krise sollte geistig mit zwei sich nur scheinbar ausschließenden Zielen bewältigt werden: einem neu-

15

Buñuel als Jesuitenschüler, 1908

en, nach innen gerichteten Nationalstolz und der Europäisierung der spanischen Kultur.[15]

Solche Gedanken, die um die Jahrhundertwende geradezu aufrührerisch gewesen waren, erschienen den jungen spanischen Intellektuellen in der «Residencia de Estudiantes» allzu zaghaft. Man wollte das zaudernde Bürgertum nun nicht mehr erziehen, sondern schockieren. «Epater le Bourgeois» hieß die Devise, genau wie bei den Dadaisten in Deutschland und Frankreich oder den Futuristen in Italien.

Er habe, erinnert sich Buñuel, damals mehr Zeit in den literarischen Cafés als über dem Mikroskop zugebracht – eine liebevolle Umschreibung für den Alltag des studentischen Bohèmiens. Salvador Dalí, zusammen mit Federico García Lorca der in Deutschland bekannteste Buñuel-Gefährte jener Jahre, schrieb in seinen Erinnerungen, die Gruppe habe ihn «in die Welt des aus dem Alkohol, der Orgie, der Musik und der ein wenig ordinären Prasserei geborenen Vergnügens»[16] eingeführt.

«Im Madrider Kristallpalast, einem der elegantesten Teesalons, erlebte ich meine Feuertaufe. Unser Einzug – ich ging in meiner anarchistisch-künstlerischen Uniform allen voran – war äußerst wirkungsvoll, so wirkungsvoll, daß sich bei ähnlichen Gelegenheiten meine Kameraden mit Buñuel an der Spitze in meine Leibwächter verwandelten und sich für mich prügelten.»[17] Für dieses Leibwächterdasein war Buñuel als exzellenter Boxer, der es 1921 sogar bis zum spanischen Meister brachte, allerdings nur, wie er ironisch einräumt, weil unter den Blinden der Einäugige König sei, sehr gut vorbereitet.

«Ganze Tage und Nächte hindurch wurde diskutiert und unter Gelächter und Geschrei gegessen und getrunken. Oft überraschte uns der fahle Morgen im Rectors' Club, wo wir begeistert den Jazz entdeckten.»[18]

Diese nächtlichen Debatten vereinigten jene spanischen Künstler und Literaten, die eine Epoche geprägt haben, die man später «das silberne

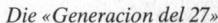
Die «Generacion del 27»

Beim Boxtraining

Buñuel mit Federico García Lorca in Madrid, 1923

Zeitalter» der spanischen Kultur genannt hat: García Lorca, Bello, Dalí, Hinojosa, Villa, Alberti und Gómez de la Serna.

Dalís Anmerkungen könnten vermuten lassen, man habe sich damals nur dem «Laissez-faire» hingegeben, was aber unzutreffend ist. In der «Residencia» wurden Konzerte, Lesungen, literarische Diskussionen und wissenschaftliche Vorträge organisiert. Buñuel veranstaltete innerhalb dieses außerordentlich lebendigen Kulturprogramms Filmvorführungen, zu denen er Einführungen sprach und die anschließende Diskussion leitete.

In den frühen zwanziger Jahren begann er für verschiedene spanische Zeitungen Filmkritiken zu schreiben; zudem betätigte er sich als Laienschauspieler und arrangierte zusammen mit García Lorca ein Puppentheater.

Das Ende dieser turbulenten Madrider Zeit kam für Buñuel im Jahre 1924: *Als ich 24 Jahre alt war, stellte ich fest, daß es nun an der Zeit war, ernsthaft darüber nachzudenken, wie ich beruflich festen Boden unter die Füße bekommen könne, aber dennoch fühlte ich mich unentschlossener und verwirrter denn je. Dies ist ein Fehler, der sich bei einem Spanier häufiger findet. Statt einer Jugend, in der seine Neigungen und Fähigkeiten entwickelt werden, muß er einem Kurs folgen, den die Eltern bestimmen. Den Studenten, der dem Schoß der Familie entwächst und sich unabhängig fühlt, zieht es mehr zum Leben, als zum Studieren. Die spanische Universität tat, wie man feststellen muß, wenig, um den Studenten anzuziehen oder seine Zuneigung zu gewinnen. Meine Nervosität und meine Unsicherheit waren aber sofort verflogen, als meine Mutter mir die Erlaubnis gab, nach Paris zu gehen. Mein Vater war ein Jahr zuvor gestorben.* [19]

Lehrjahre in Paris

Buñuel kam 1925 nach Paris. Die Stadt hatte damals, wie ihr Chronist Pierre Courthion schreibt, «den Wind im Rücken»[20]. Paris war Mitte der zwanziger Jahre unbestreitbar der kulturelle Mittelpunkt Europas. Nur hier schien sich vielen Künstlern ein anderer als nur mittelmäßiger Weg zu eröffnen. «Ich träumte», berichtet beispielsweise Salvador Dalí, «nicht von Liebe, sondern von Ruhm, und ich wußte, daß der Weg zum Erfolg über Paris führte»[21].

Buñuel lebte in der Nähe des Montparnasse. Dieses Viertel, schreibt Paul Cohen-Portheim, sei «eine Welt für sich, die man nie zu verlassen braucht. Darin liegt seine Gefahr. Es treibt geistige Inzucht. Seine Weltgeschichte fängt mit James Joyce und den Surrealisten an, und es vergißt, daß der breiten Masse heute noch der Impressionismus revolutionär erscheint; es hat keine Fühlung mit der Außenwelt. Und die zweite Gefahr ist diese: alle diese Fremden kommen nach Paris und sehen nur einander. Auch Montparnasse ist Paris, weil es nur in Paris existieren kann, aber von dem, was Paris, was Frankreich lehren kann, und ihre Vorgänger ... tatsächlich gelehrt hat, bekommen diese Fremden nichts zu sehen. Montparnasse ist eine unabhängige, radikale, kosmopolitische Republik, im Pariser Weichbild gelegen.»[22]

1925 war Buñuel kaum mehr als irgendein Sohn aus gutem Hause, der mit einigen Gedichten sein literarisches Talent bewiesen hatte. Doch er genoß die wirkungsvolle Protektion des späteren spanischen Botschafters in Großbritannien, Don Pedro Azcárate. So wurde er in die renommiertesten intellektuellen Kreise von Paris eingeführt. Ein Freund aus jenen Tagen berichtet, Buñuels boxerische Vergangenheit habe diesem im sportversessenen Paris einen gewissen Nimbus gegeben. Buñuel wird als adretter, gut gekleideter junger Mann geschildert, der seinen Gesprächspartnern geduldig habe zuhören können. Er sei ein eher furchtsamer und nervöser Mann gewesen, der sich in Paris zunächst recht unsicher gefühlt habe. Besondere Erwähnung finden Buñuels angenehme Umgangsformen, eine Tugend, auf die er in späteren Jahren zuweilen sehr viel weniger Wert gelegt hat. Buñuel kam mit einigen Surrealisten zusammen, doch er schloß sich keiner künstlerischen Clique an. Überhaupt fügte sich Buñuel damals kaum in das gängige Bild vom Bohè-

Luis Buñuel. Zeichnung von Barradas

mien. Für die Bohème-Existenz, die er sich finanziell unschwer hätte leisten können, fehlte ihm das gute soziale Gewissen. Er sei, sagt er Jahre später, immer ein Gegner des luxuriösen Lebens der feinen Herrschaften gewesen, obwohl er seiner Herkunft nach durchaus zu dieser Schicht gehört habe. Er wollte arbeiten, seinen Lebensunterhalt selbst verdienen. *Ich wollte damals in Paris in eine Nebenorganisation des Völkerbunds eintreten und eine bürokratische Laufbahn einschlagen.*[23] Am Ende widerstand er den Verlockungen einer Beamtenlaufbahn: *Ich schrieb weiterhin Gedichte, aber diese Beschäftigung erschien mir doch mehr wie das Wohlleben eines «Senorito».*[24]

Buñuel hatte schon in den frühen zwanziger Jahren kurze Prosatexte und Gedichte in einer Madrider Avantgardezeitschrift veröffentlicht. Seine schriftstellerische Begabung hat er in späteren Jahren nicht sehr hoch eingeschätzt. Er sei zwar stets an der Abfassung der Drehbücher für seine Filme beteiligt gewesen, *aber ich muß immer mit einem anderen Autor zusammenarbeiten. Ich habe einen Fehler, und der liegt in meinem Hang zur Wiederholung, darum tauge ich als Autor nichts, sogar wenn es nur darum geht, einen einfachen Brief zu schreiben. Am Ende kommt immer so etwas heraus: «Lieber Soundso, ich schreibe Ihnen, weil meine Mutter mir geschrieben hat, daß sie Ihnen nicht schreiben kann und mich bittet, Ihnen zu schreiben ...» oder anders: «Es gibt zu viele Autos auf den Straßen. Es ist unmöglich mit dem Auto voranzukommen bei so vielen Autos auf den Straßen ...» Mit meiner gesamten Prosa verhält es sich so und gewöhnlich zerreiße ich am Ende den Brief. Es kostet mich drei Tage, etwas zu schreiben, das ein wirklicher Autor in drei Stunden schreiben kann. So besprechen und diskutieren wir die Dinge und ich überlasse das Schreiben ihm.*[25]

Wie so oft übertreibt Buñuel auch hier die Selbstkritik. Die Texte cha-

Programmheft für die Oper «El Retablo de Maese Pedro»

L U I S

Karikatur von Ontañon

rakterisiert eine surreale Ikonographie: Augäpfel liegen in Wasserlachen, Mönche treiben mit Bulldoggen ihr Unwesen, die Schwester Conchita erscheint mit einer Friedenstaube, Totengräber wollen einen Menschen lebendig begraben. Die Gedichte und Prosatexte sind Traumprotokolle, die weitgehend der surrealistischen Theorie des Schreibens entsprechen. Wichtiger ist allerdings, daß manche seiner Filmbilder in diesen Texten schon vorweggenommen werden.

Mit der Publikation von Gedichten konnte Buñuel freilich kaum seinen Vorsatz wahrmachen, sich in Paris den Lebensunterhalt selbst zu verdienen. Aber wie sonst? Der Zufall kam zu Hilfe. *Zu den Fehlern der Spanier gehört ihr Hang zur Improvisation, der aus der Überzeugung kommt, sie wüßten alles. Ich muß gestehen, daß mir dieser Nachteil zum Vorteil gereichte, weil ich mit seiner Hilfe einen Weg im Leben gefunden habe, und auch einen Beruf, der mir endgültig zu sein scheint. Weil ich improvisieren konnte, war es mir möglich, als Regisseur in Amsterdam zu debütieren, um dort «El Retablo de Maese Pedro» zu inszenieren.*[26]

Die Oper «El Retablo de Maese Pedro» hat Manuel de Falla komponiert. Sie war in Paris uraufgeführt worden und sollte nun in Holland nachgespielt werden. Der Dirigent des Concertgebouw-Orchesters, Willem Mengelberg, hatte in Paris noch einige künstlerische Helfer gesucht. Ein befreundeter Pianist vermittelte Buñuel nach Amsterdam. Das Libretto der Oper basiert auf einer Episode aus Cervantes «Leben und Taten des scharfsinnigen Edlen Don Quijote de la Mancha». Don Quijote und Sancho Pansa nehmen an einer Puppentheateraufführung des Maese Pedro teil.

Während bei der Uraufführung noch alle Charaktere von Puppen dargestellt wurden, schlug Buñuel für die Amsterdamer Aufführung vor, Schauspieler, Menschen aus Fleisch und Blut, wie er sagt, gemeinsam mit Marionettenpuppen auftreten zu lassen. Der Einfall trug ihm den Regieauftrag ein. Dieses Beispiel spanischer Improvisationskunst wurde in Amsterdam überaus beifällig aufgenommen.

Einer Theaterkarriere des damals gerade 26 Jahre alten Buñuel hätte vermutlich nichts im Wege gestanden, doch *eines Tages entdeckte ich den Film. Das war im Vieux Colombier, in einem Kino, in dem man Filme von Fritz Lang und der ehemaligen Avantgarde zeigte. «Der müde Tod» von Fritz Lang beeindruckte mich besonders. Ich erkannte, daß der Film ein Ausdrucksmittel für uns sein kann.*[27]

Die Erwartungen, die Buñuel an das neue Medium Film knüpfte, hat er in einem Gespräch, das Dalí für eine katalanische Kunstzeitschrift mit ihm führte, präzise zum Ausdruck gebracht. «Was steht dir näher», fragte Dalí, «der anti-künstlerische industrielle Film oder die verschiedensten bisherigen Versuche des Kunstfilms?», und Buñuel antwortete: *Es scheint mir monströs, die traditionellen Kunstauffassungen auf die Industrie anzuwenden. Ob es nun um einen Film oder ein Auto geht. Der Künstler ist beauftragt, die reinsten Objekte unserer Zeit zu beschmutzen. Wo er doch am wenigsten von ihnen versteht. Und der europäische Film, mit ganz wenigen Ausnahmen, tut nichts anderes, als Kunst zu machen. Selbst der russische Film, der nicht nur künstlerisch ist, sondern literarisch und tendenzhaft.*[28]

In seinen Filmkritiken, die er gelegentlich für spanische Magazine schrieb, hat Buñuel immer wieder betont, dem Film als Populärkultur sei mit Kategorien, die mit der individualistischen Elitekultur entstanden, nicht gerecht zu werden. Nicht zufällig hat Buñuel die Trivialmythen Hollywoods zu einer Zeit, in der sie eher belächelt worden waren, derart ernst genommen, daß er sogar ihre prinzipielle Überlegenheit ge-

Dalí, von Buñuel fotografiert. 1929

Buñuel als Regieassistent bei Jean Epstein

genüber dem europäischen Typus des Kunstfilms behauptete: *Die Film-kunst scheint den Völkern des Nordens angeboren zu sein, während wir mit Tradition, Mystizismus, Kultur, Ekstase beladenen, anderen Kunst-formen und offenen Romanen offensichtlich unfähig sind, uns die Filme zu assimilieren. Jeder unserer Versuche bestätigt von neuem die Über-legenheit der jungen Völker. Man hat häufig die Trivialität des amerikani-schen Films im allgemeinen kritisiert. Aber jeder von ihnen, selbst der be-scheidenste, besitzt einen durchgehenden photogenen Charme, einen Rhythmus, der absolut filmisch ist.*[29] Und er hat diese Theorie des Films in folgende, bemerkenswerte Antithese gefaßt: *Die Schule Jannings – die europäische Schule: Sentimentalität, Kunst – und Literaturvorurteile, Tradition usw.: John Barrymore, Veidt, Mosjoukine usw. Die Schule*

Keatons – amerikanische Schule: Vitalität, Photogenie, Mangel an Kultur und junge Tradition; Monte Blue, Laura la Plante, Bebe Daniels, Tom Moore, Menjou, Harry Langdon.[30]

Begreifbar wird angesichts dieses ästhetischen Credos, warum Buñuel mit Jean Epstein, einem der führenden Exponenten des französischen Kunstfilms, im Streit auseinandergegangen ist.

Über seine Zusammenarbeit mit Epstein, in dessen private Filmschule «Académie du Cinéma» Buñuel als neunzehnter Student aufgenommen worden war, hat er sich wenig freundlich geäußert: *Tatsache ist, ich lernte wenig von Epstein.*[31] In Wahrheit aber wurde Buñuel von den filmtheoretischen Überlegungen Epsteins offenkundig stark beeinflußt. Epstein gehörte mit Germaine Dulac, Marcel L'Herbier, Abel Gance und Louis Delluc zu jener Gruppe französischer Regisseure, die man als Filmimpressionisten bezeichnet hat. Diese Regisseure bemühten sich, dem Film das Prestige der traditionellen Kunstformen zu verschaffen, ihn als siebte Kunst innerhalb der Ästhetik zu etablieren. Zugleich betonten sie die Besonderheit des Films, seine visuelle Ästhetik, die ihn vom Theater grundlegend unterschied. Epstein war nicht nur Regisseur, sondern auch ein ernst zu nehmender Filmtheoretiker. Für ihn war die Kamera beispielsweise ein «wunderbares Instrument des Lyrischen»[32] und der Film «das mächtigste Mittel der Poesie, das realste Instrument ... der Übernatürlichkeit»[33]. Jahrzehnte später wird Buñuel sagen: *Der Film scheint dazu erfunden, das Leben im Unterbewußten auszudrücken, dessen Wurzeln so tief in die Poesie eindringen.*[34] Nicht nur wurde Buñuel, wie Epstein, ein Meister im Sichtbarmachen des Psychischen, in seinen Schriften verwendet er auch sehr oft die Kategorien der Epsteinschen Filmästhetik.

Wie verlief die Lehrzeit bei Jean Epstein? *1927 habe ich mit ihm zusammengearbeitet, an dem Film «Mauprat». Aber schon, als ich mit ihm den dritten und letzten Film machte, «La Chute de la Maison Usher», war ich halbwegs Surrealist, wenn ich mich auch anfangs über die Surrealisten belustigt hatte, und sie nicht ernst nahm. Doch als ich Epstein bei diesem dritten Film assistierte, flirtete ich bereits mit dem Surrealismus ... Eines Tages sagte mir Epstein, Abel Gance werde nach Epinay ins Studio kommen, dort arbeiteten wir an ein paar Probeaufnahmen. Er sagte zu mir: «Halten Sie sich zu seiner Verfügung.» Es wäre normal gewesen, daß ich als Assistent von Epstein, wenn es sich so ergab, auch Gance assistiert hätte, aber ich lehnte ab: «Soll er doch seine Mutter als Assistenten nehmen!» (Oder etwas Ähnliches) Epstein sah mich unbeweglich an und sagte mir dann: «Freund Buñuel, wir sind fertig miteinander.» Ich weiß noch, was er sagte, als ich ihm erklärte: «Ich bin glücklich, Ihr Assistent zu sein, aber Gance, das kommt nicht in Frage. Gance interessiert mich überhaupt nicht.» Darauf sagte er: «Daß ein kleiner Scheißer wie Sie es wagt, so über eine große Persönlichkeit wie Abel Gance zu reden!»*

Er fügte dann noch hinzu: «Damit ist unsere Zusammenarbeit beendet, Sie können in meinem Wagen nach Paris zurückfahren» – ich hatte kein Fortbewegungsmittel, und Epinay war weit. Während der Fahrt legte er mir nahe, nicht mit dieser Bilderstürmergruppe fortzufahren; sein letzter Rat war, mich von den Surrealisten fernzuhalten, und ich folgte ihm so aufs Wort, daß ich erst nach einem Jahr zu den Surrealisten stieß. Im Grunde interessierte mich damals schon Epsteins Film nicht mehr, und er machte ihn allein fertig. Ich ging, in Gesellschaft von Salvador Dalí, ganz zum Surrealismus über und machte meinen ersten Film, «Un Chien andalou».[35]

«Ein verzweifelter Aufruf zum Mord»

Es gehört zu den ironischen Pointen in Buñuels Werk, daß er seinen ersten Film *Un Chien andalou* (Ein andalusischer Hund), in dem nicht zuletzt die überkommenen Familienstrukturen angegriffen werden, ausgerechnet mit dem Geld seiner Mutter finanzierte. *Meine Mutter gab mir das Geld mehr aus Liebe als aus Verständnis für meine Absicht, die ich ihr vorsichtshalber nicht enthüllte.*[36]

Über die Entstehungsgeschichte des Films gibt es zwei sehr unterschiedliche Versionen. Aus der Sicht des Mitautors Salvador Dalí liest sich die Vorgeschichte so: «Buñuel hatte den bemerkenswerten Plan, sich von seiner Mutter einen Film finanzieren zu lassen, und dazu eine weit weniger bemerkenswerte Drehbuchidee: Er wollte Zeitungsrubriken, vermischte Nachrichten, Theateraufführungen und Karikaturen zu einem Film verarbeiten. Ich teilte ihm mit, daß ich soeben ein Drehbuch geschrieben hätte, das imstande wäre, die zeitgenössische Filmkunst zu revolutionieren und daß er mich unverzüglich aufsuchen solle. Er kam. Das Ergebnis unserer gemeinsamen Arbeit war *Un Chien andalou.*»[37]

In der Tat hatte Buñuel ein Film vorgeschwebt, in dem eine Zeitung gleichsam zum Leben erwachte. Am Ende, so hatte er sich vorgestellt, sollte diese Zeitung auf das Straßenpflaster geworfen und von einem Kellner mit dem Fuß in die Gosse gestoßen werden. Dalí erschien diese Drehbuchidee «ungewöhnlich mittelmäßig», und er überredete Buñuel zu seinem eigenen Entwurf. Buñuel hat dies später mittelbar bestätigt, indem er noch einmal darauf beharrte, die Idee mit dem Zeitungsfilm sei im Grunde gut gewesen.

Auch an die Zusammenarbeit während der fünfzehn Drehtage haben Buñuel und Dalí unterschiedliche Erinnerungen. Dalí behauptet mit der ihm eigenen Unbescheidenheit: «Ich unterstützte ihn bei der Regie durch allabendliche Gespräche. Automatisch und ohne zu fragen, nahm Buñuel die leisesten Andeutungen an; er wußte aus Erfahrung, daß ich mich in diesen Dingen niemals irrte.»[38] Buñuel sagt hingegen, Dalí sei nur am letzten Drehtag in Paris gewesen: *Aber der Film ist von mir. Ich lebte einige Zeit in Figueras* (dem Wohnort Dalís) *während ich das Drehbuch vorbereitete; und Dalís Beitrag zu dem Film besteht nur aus jener Szene mit den Priestern, die an den Seilen gezogen werden.*[39] Der Wahrheit am nächsten dürfte wohl eine einsichtsvollere Bemerkung Buñuels kommen: *Der Film bestand aus jeweils fünfzig Prozent von uns beiden.*[40]

In seinem Film, hat Buñuel gesagt, gebe es weder Andalusier noch Hunde. Nicht nur mit der Wahl des Titels düpieren Buñuel und Dalí den Zuschauer. Absichtlich wird mit allen Sehgewohnheiten gebrochen. Die traditionelle Einheit des Kunstwerks, wie sie sich besonders in der scheinhaften Totalität des psychologischen Realismus manifestierte, sollte aufgelöst werden. In dem Film finden sich nur Spuren der gängigen Dramaturgie, die Szenen sind lediglich nach der absurden Logik des Zufalls verknüpft. Die narrative Struktur sowie die surreale Bildphantasie veranschaulicht eine Passage aus dem Drehbuch: «Mit der Entschiedenheit eines Menschen, der völlig im Recht ist, nähert sich da der Mann seiner Gefährtin, sieht ihr geil und scharf in die Augen und faßt ihr durch die Jerseybluse hindurch an die Brüste. Groß: die geilen Hände auf den Brüsten, welche unter der Bluse hervorquellen. Man sieht, wie sich ein schrecklicher Ausdruck fast tödlicher Angst auf dem Gesicht des Mannes spiegelt. Eine blutige Speichelschliere fließt ihm vom Mund auf den entblößten Busen des jungen Mädchens ... Der Mann mimt den Theaterbösewicht. Er sieht sich um, sucht etwas. Er entdeckt vor sich auf dem Boden ein Stück Seil und nimmt es mit der rechten Hand auf. Er sucht auch mit der linken Hand und bekommt ein entsprechendes Seil zu fassen. Das junge Mädchen drückt sich an die Wand und betrachtet angstvoll, was ihr Verfolger ausheckt. Dieser geht auf sie zu und schleppt mit großem Kraftaufwand hinter sich her, was an den Seilen angebunden ist. Es wird vorbeigeschleift: zuerst Korkstücke, dann eine Melone, zwei Brüder der Armenschule und schließlich zwei herrliche Konzertflügel. Die Flügel sind voller Eselskadaver, deren Hufe, Schwänze, Kruppen und Exkremente aus dem Resonanzkörper heraushängen. Bei einem der Flügel sieht man im Augenblick, wo er vor dem Objektiv ist, einen großen Eselskopf auf der Tastatur.»[41]

Ganz bewußt opponierten Buñuel und Dalí gegen jene Schranken, die Moral, Konvention und Ekel gegenüber ungehemmter sexueller und grausamer Phantasie errichten. Der Antrieb zu diesem Film, sagte Dalí, lag in dem Willen, zu schockieren; er sollte beim Betrachter das größtmögliche «visuelle Unbehagen» auslösen: «Ich hätte gern gesehen, daß der Zuschauer ohnmächtig würde bei den ersten Bilderfolgen, in denen ein Rasiermesser ein Mädchenauge zerteilt.»[42] Mit diesem Film beanspruchten Buñuel und Dalí, die Abspaltung der Kunst vom Leben zu überwinden; die universelle, allen gemeinsamen Sprache des Unbewußten sollte hier ihren Ausdruck finden. Diese angestrebte Vereinigung von Kunst und Leben hatte eine makabere Pointe: der Hauptdarsteller Pierre Batcheff, der im Film die erstrebenswerten hedonistischen Lebensformen nicht erreichen kann, brachte sich um. Diesen Suicid kommentierte Dalí später zynisch so: «Als ich in Paris ankam, hatte Buñuel

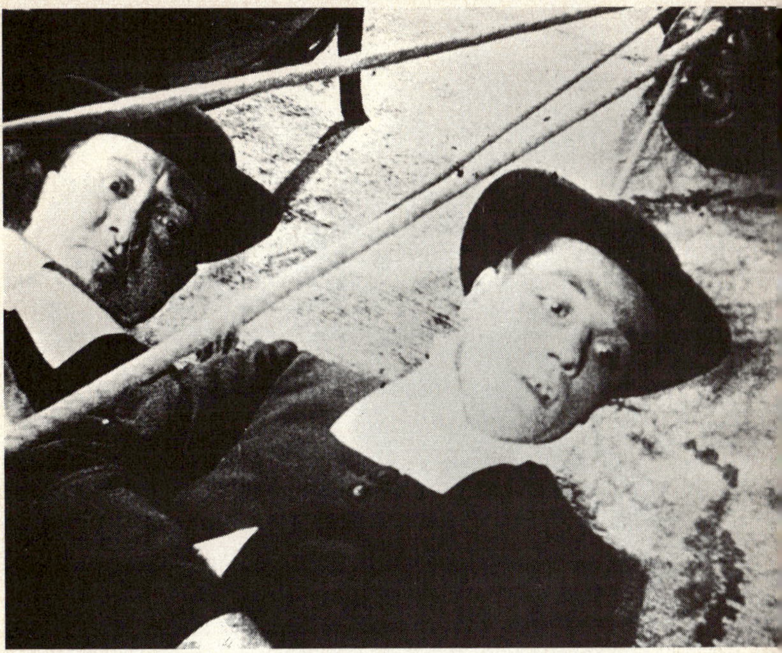

Szenenfoto aus «Un Chien andalou», 1929

Szenenfoto aus «Un Chien andalou»

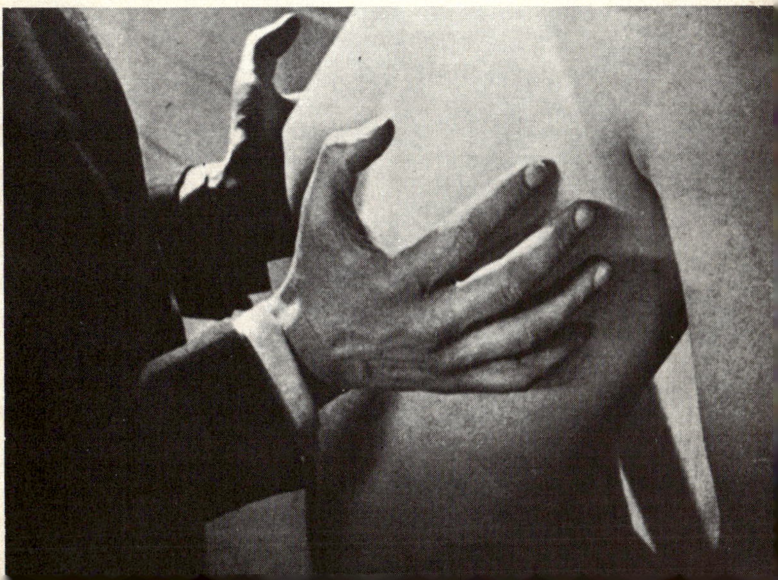

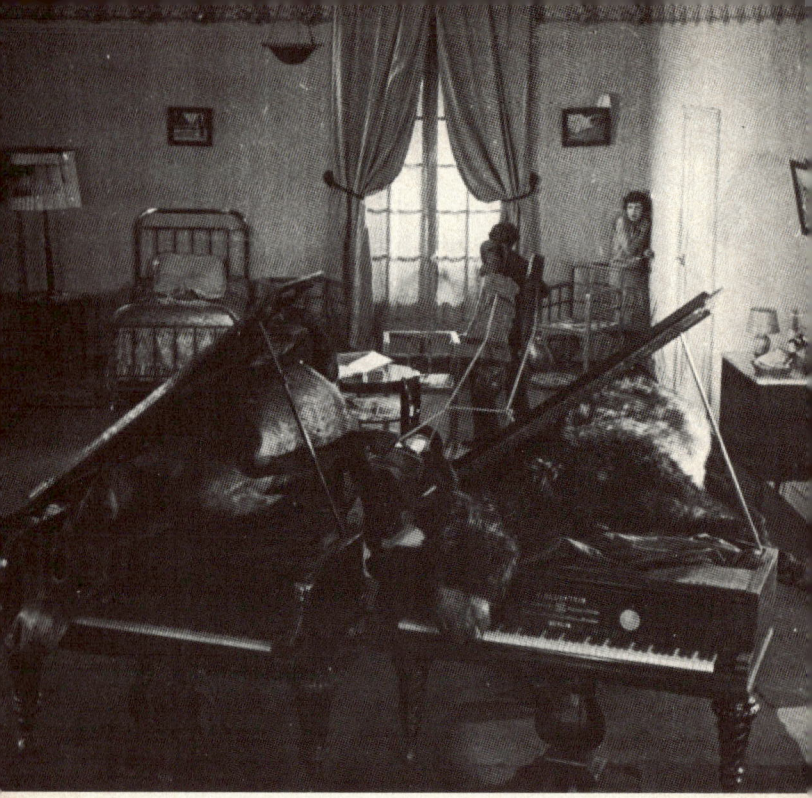

Probenfoto aus «Un Chien andalou»

den Hauptdarsteller des *Chien* schon gefunden, Pierre Batcheff, ein Wesen, das ... stets auf der Grenze zwischen Bewußtem und Unbewußtem taumelte, sich mit Äther berauschte, um in der Welt anwesend zu bleiben, und zwischen Leben und Tod balancierte, um am letzten Drehtag Selbstmord zu begehen wie ein zu meinem größeren Ruhm dem Moloch dargebrachtes Sühneopfer.»[43]

Vor Beginn des Films erschien bei der Uraufführung ein erklärender Text auf der Leinwand: «Der Produzent und der Regisseur des Films, Buñuel, schrieb das Drehbuch gemeinsam mit dem Maler Dalí. Beide leiteten ihren Standpunkt von einem Traumbild ab, das wiederum andere Traumbilder auf die gleiche Weise prüfte, bis das Ganze eine kontinuierliche Form erhielt. Dabei ist folgendes zu beachten: Jedes Bild, jeder Gedanke, der in den Mitarbeitern aufstieg, wurde sofort verworfen, wenn er aus der Erinnerung oder aus ihrem Kulturmilieu stammte oder wenn er auch nur eine bewußte Assoziation mit einem früheren Gedanken hatte. Die Mitarbeiter erkannten nur solche Bilder als gültig an, die auch bei kritischster Untersuchung keinerlei Erklärungsmöglichkeiten boten. Natürlich wurden auch die Beschränkungen der üblichen Moral und Vernunft aufgegeben.»[44] Die Bilder, versicherten Buñuel und Dalí, seien ihnen nicht weniger geheimnisvoll und unerklärlich als dem Zuschauer. Kein Bild, so betonten sie, sei als Symbol zu verstehen.

Die Verneinung des Symbolgehalts ist eine Konsequenz der surrealistischen Theorie. Da Kunst in ihrer klassischen Ausprägung die symbolische Überhöhung des Lebens ist, die Surrealisten aber jede Abspaltung der Kunst vom Leben gerade überwinden wollten, durfte es in ihren Werken auch keine bewußte symbolische Verschlüsselung geben. Ihre Bilder sollten die Wirklichkeit nicht zum Zeichen verkürzen, sondern die Realität sollte möglichst unzensiert zur Sprache gebracht werden. Daher die Vorliebe der Surrealisten für den vom Bewußtsein nicht mehr kontrollierten Traum und das vom Menschen unbearbeitete Fundstück, das «objet trouvé». So soll der Betrachter die Bilder des *Andalusischen Hundes* als authentische Hervorbringungen des Unbewußten rezipieren. Dadurch hatten die Surrealisten nicht nur mit einer Ästhetik gebrochen, die Wirkliches nachzubilden suchte, sondern auch mit jenen Künstlern wie Baudelaire, Mallarmé oder Poe, die das Artifizielle als eine der Wirklichkeit überlegene Scheinwelt propagiert hatten. Die Surrealisten reduzierten sich auf die Rolle des Mediums, das prinzipiell jedermann zugängliche Traumerfahrungen mit unbeteiligter, gleichsam technisch-naturwissenschaftlicher Akribie weitergibt. Deshalb auch der forcierte dokumentarische Gestus des *Andalusischen Hundes*, der Hyperrealismus der Bilder. Dieser Anspruch erklärt auch den merkwürdigen Satz: «Die einzige Methode, die Symbole zu untersuchen, könnte vielleicht die Psychoanalyse sein.»[45] Die Symbole, deren Existenz Buñuel und Dalí damit zugeben, sind von den üblichen Symbolen der Kunstproduktion prinzipiell verschieden; es sind unbewußte, von der kulturellen Tradition tabuisierte und deshalb ins Unterbewußtsein verdrängte Erfahrungen. Einzig die psychoanalytische Methode gilt Buñuel und Dalí als legitim, weil sie den Film, nicht anders als wirkliche Träume, naturwissenschaftlich statt ästhetisch zu erklären sucht.

Der Film verfehlte indes in dem Pariser Studiokino, das vorzugsweise von Snobs, die das Skandalöse und Blasphemische anlockte, frequentiert wurde, seine Wirkung. Zwar behauptet Dalí, «dieses sadistische Filmwerk, das an den latenten Masochismus der Leute appellierte, war ein Skandalerfolg»[46], doch Buñuel erinnert sich glaubwürdiger: *Die ungeheure Begeisterung, die «Un Chien andalou» hervorrief, ließ mich völlig verdutzt zurück. Am Ende erhoben sich die Leute und klatschten lange Beifall.*[47] Das intellektuelle Publikum, auf den fiktiven Charakter des Films eingestellt, hatte, was als Sein erscheinen wollte, für Schein genommen. Der dokumentarische Gestus des Films war ohne Wirkung geblieben. Acht Jahre später bewies die Massenpanik, mit der Tausende von Amerikanern auf Orson Welles' Hörspieladaption von H. G. Wells' Roman «Krieg der Welten» reagierten, daß der Rundfunk (und später das Fernsehen) die eigentlichen surrealistischen Medien sind. Die Geschichte vom Überfall der Marsmenschen war phantastischer als alles, was die Surrealisten je ersonnen hatten, und dennoch nahmen die Menschen das Unglaubliche für bare Münze, weil sie es aus einem Medium erfuhren, in dem, im Gegensatz zum Film, nicht das Reale, sondern die Fiktion die Ausnahme darstellt. In den Anfangsjahren des Kinos waren die Zuschauer gelegentlich angstvoll aus dem Kinosaal geflohen, wenn ihnen eine Lokomotive auf der Leinwand entgegenraste. Ende der zwanziger Jahre war man versierter in der kinematographischen Sehweise: Der Film war wie die Literatur und die Malerei zu einem fiktiven Medium geworden. Buñuel erkannte dies resignierend: *Ein Erfolgsfilm, dachte die Mehrzahl der Leute, die den Film gesehen hatten. Aber was vermag ich gegen die Leute, die jede «Neuheit» glühend verehren, selbst wenn diese ihre tiefsten Überzeugungen gröblich beleidigt; was vermag ich gegen die törichte Menge, die «schön» und «poetisch» fand, was im Grunde nichts ist als ein verzweifelter, leidenschaftlicher Aufruf zum Mord.*[48] Es gehört zu den Eigentümlichkeiten in der Geschichte des Films, daß die Surrealisten *Un Chien andalou*, in dem die surrealistische Theorie kongenial in den Film übertragen worden war, eher zufällig zur Kenntnis genommen haben. Man Ray hatte seinen ersten Film «Le Mystère du Château de Dé» gerade fertiggestellt und seine Freunde, darunter viele Surrealisten, zu einer Vorführung eingeladen. Am Ende schlug der Besitzer des Kinos den Anwesenden vor, noch einige Minuten zu bleiben, um sich einen Film anzusehen, den am Abend zuvor zwei junge Spanier gebracht hätten. Der Film hieß *Un Chien andalou*, und er fand die lebhafte Zustimmung der Surrealisten. André Breton, der Wortführer der Gruppe, urteilte: «Ja, das ist ein surrealistischer Film.»[49]

Der Surrealismus war Mitte der zwanziger Jahre in Frankreich die maßgebliche Kunstrichtung geworden. Für die Gruppenmitglieder war er allerdings kein neuer Stil, sondern eine Theorie und Praxis der Erkenntnis, der Glaube, wie André Breton im «Ersten surrealistischen Manifest» von 1924 formuliert hat, «an die höhere Wirklichkeit gewisser, bis dahin vernachlässigter Assoziationsformen, an das zweckfreie Spiel des Denkens. Er zielt auf die endgültige Zerstörung aller anderen psychischen Mechanismen und will sich zur Lösung der hauptsächlichen Lebensprobleme an ihre Stelle setzen.»[50]

Dalí hat die surrealistische Theorie, ihre Ahnherren und Gegner knapp und anschaulich so beschrieben: «‹Die Révolution Surréaliste› hat verteidigt: Die automatische Schreibweise – Den surrealistischen Text – Die onirischen Bilder – Die Träume – Den Wahn – Die Hysterie – Den objektiven Zufall – Die Umfragen über die Liebe – Die Schmähung –

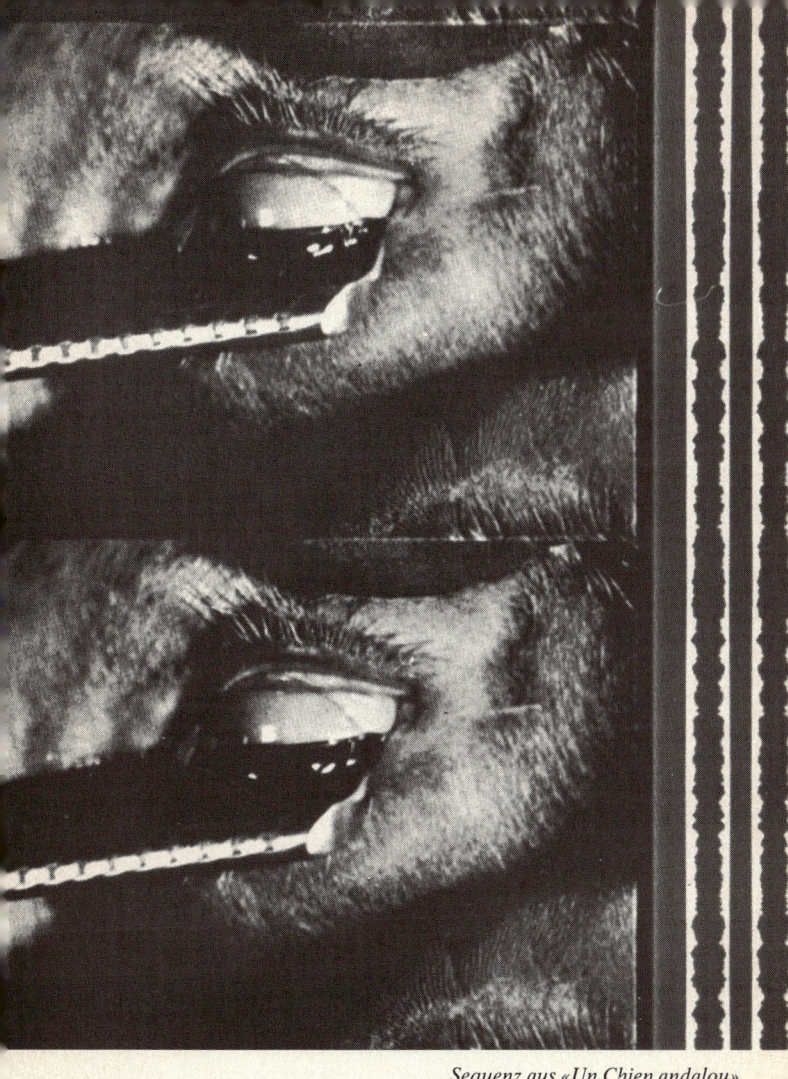

Sequenz aus «Un Chien andalou»

Die Angriffe auf die Religion – Den Kommunismus – Den hypnotischen
Zustand – Die Plastiken der Primitiven – Die surrealistischen Objekte –
Die Postkarte. Die surrealistische Revolution hat diese Namen verteidigt: Comte de Lautréamont, Trotzki, Freud, Marquis de Sade, Hera-
klit, Uccello usw. Eine surrealistische Gruppe hat blutige Tumulte in der
‹Closerie des Lilas›, im Cabaret Maldoror, in den Theatern und mitten
auf der Straße provoziert. Die surrealistische Gruppe hat verschiedene

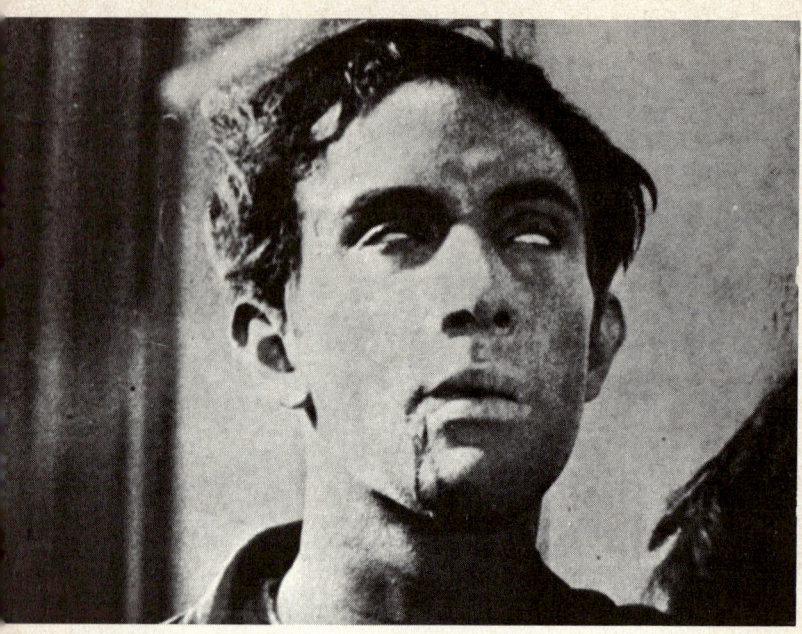

Pierre Batcheff, Hauptdarsteller in «Un Chien andalou»

Manifeste veröffentlicht, in denen Anatole France, Paul Claudel, der Maréchal Foch, Paul Valéry, der Kardinal Dubois, Serge Diaghilew und andere beleidigt werden.»[51]

Jener Hang zum Skandalösen und Blasphemischen, mit dem die Surrealisten von sich reden machten, waren auch Buñuel und Dalí nicht fremd. Lange bevor sie sich der Gruppe anschlossen, schrieben sie beispielsweise dem späteren Nobelpreisträger Juan Ramón Jiménez: «Sehr geehrter Freund ... wir sehen uns genötigt, Ihnen unseren Abscheu vor Ihrem unmoralischen, hysterischen und willkürlichen Werk kundzutun.»[52] Mit den Surrealisten teilten sie auch den Abscheu vor der traditionellen Literatur: «Mit all unserer Verachtung und all unserem Zorn müssen wir die traditionelle Dichtung von Homer bis Goethe bekämpfen, besonders Góngora, die schmutzigste Bestie, die je eine Mutter geboren hat.»[53]

Sowohl die Attitüde als auch die Gedanken der Surrealisten waren Buñuel nicht fremd. Dennoch fand er die Gruppe anfangs eher lächerlich, und noch 1928 hat er auf die Frage: «Welche Tendenzen oder welche derzeitigen Gruppen stehen dir am nächsten?» geantwortet: *Im Film keine. Sonst der Surrealismus. Obwohl mich dessen Werke weniger inter-*

essieren, als die einzelnen Surrealisten selbst. Dennoch interessiert er mich natürlich am meisten von allem auf der Welt und steht mir am nächsten.[54] Erst nach der enthusiastischen Aufnahme seines Films durch die Surrealisten hat er sich der Gruppe angeschlossen und in späteren Jahren auch nachdrücklich betont, seine Weltanschauung habe mit der surrealistischen vollkommen übereingestimmt.

Zu den Eigenheiten des Surrealismus gehörte es, daß er die Systemlosigkeit systematisierte. Die Surrealisten hatten sich einer strengen Gruppendisziplin zu unterwerfen. «Die surrealistische Gruppe erlangte mit der Strenge, wie sie – in patriarchalischer Stellvertretung Bretons – über die Arbeit ihrer Mitglieder wachte, diese lobte oder verstieß, ab 1930 zunehmend den autoritären Charakter einer Ersatzfamilie, in der die literarisch und künstlerisch nicht anerkannte Bohème, der intellektuelle Prototyp des Arbeitslosen aus Überzeugung, einen festen Halt finden konnte.»[55] Zu zeiten hatten die Sitzungen inquisitorischen Charakter. Intrigen lähmten die Gruppe; Austritte, Eintritte, Säuberungen: Ende der dreißiger Jahre war mit Ausnahme Bretons keiner der führenden Surrealisten mehr in der Gruppe – auch Buñuel nicht: *1932 trennte ich mich von der surrealistischen Gruppe obwohl ich mit meinen ehemaligen Kameraden weiterhin gute Beziehungen unterhielt. Ich begann mit jener Form intellektueller Aristokratie, mit ihren künstlerischen und moralischen Extremen, die uns von der Welt trennten und uns nur noch auf unsere eigene Gesellschaft verwiesen, nicht mehr länger übereinzustimmen.*[56]

Fraglos war die autoritäre Struktur der Gruppe, mit Breton als selbsternanntem Oberkunstrichter, den Mitgliedern gleichermaßen Schutz wie Bürde. Sie erzwang ein Maß an Unterordnung, das, war erst einmal die Bindung zerbrochen, leicht in haßerfüllte Ablehnung umschlug. So höhnte Dalí, der sich den Ritualen erst einmal widerstandslos gebeugt hatte: «Breton hielt wie ein fetter Truthahn hochtrabende Reden vor seinem Hofstaat – eine Prüfung, der man sich nicht entziehen konnte. Seine Versammlungen hatten vor allem den Sinn, es ihm zu ermöglichen, seine Truppe fest in der Hand zu halten und seine Autorität zu behaupten, indem er den leisesten Widerspruch im Keime erstickte ... man hätte meinen können, vor einem Inquisitionstribunal zu stehen, das ins Café du Commerce verlegt worden war.»[57]

Es beweist Buñuels Noblesse und Klugheit, daß er sein surrealistisches Erbe nie verleugnet hat. Er habe, bekannte er viele Jahre danach, im Surrealismus eine Disziplin gesehen, der er folgen wollte: *Es war eine Lektion für mein ganzes Leben, aber auch ein wunderbarer und poetischer Schritt in meiner Entwicklung.*[58] Er habe, sagte Buñuel, die ästhetischen Prinzipien des Surrealismus auf die Leinwand bringen wollen. Dies ist ihm mit seinem zweiten Film *L'Âge d'or* (*Das goldene Zeitalter*) auf sehr eigenwillige Weise gelungen.

Die Epoche der Skandale

Als Luis Buñuel seinen Film *Der andalusische Hund* in Madrid vorstellte, ermahnte er die Zuschauer: *Ich will nicht, daß der Film sie erfreut, er soll sie beleidigen.*[59] Sein nächster Film, *L'Âge d'or*, bedurfte solch eigentümlicher Unterweisung in der Kunst des Sehens nicht mehr; er provozierte jenen Skandal, den sich Buñuel von seinem ersten Film vergeblich erhofft hatte.

Ein Augenzeuge berichtet: «Ich war in der Vorstellung von *L'Âge d'or* im Studio 28, in Paris am Montmartre, es war ein richtiger Aufruhr mit Bomben, Polizei, Faustkämpfen etc. Als wir so da saßen, wußten wir, daß etwas geschehen würde. Das war nur allzu wahr – die Vorführung war etwa eine Stunde im Gange, als plötzlich ein schrecklicher Schrei im Orchesterraum ertönte. Ich saß auf dem Balkon in der Loge, neben mir saß ein älterer Herr. Es war gerade etwas Antikirchliches oder Antiroyalistisches auf der Leinwand; nicht die Szene mit den Skeletten (die war längst vorbei). Jemand hatte eine Bombe gegen die Leinwand geworfen. Der alte Mann neben mir sprang auf und schlug mir eins über den Kopf! Ich weiß nicht warum! Es gab eine richtige Saalschlacht. Unten brüllten die ‹Camelots du roi› den Film nieder. Dann versuchten sie, in den Vorführraum zu stürmen, um an den Film heranzukommen, aber der war geschlossen, und die Eisentür konnten sie nicht aufbrechen. So zerstörten sie das Foyer – es war wirklich eine Schande. Sie zerstörten die berühmte Geräuschorgel, die der Futurist Russolo gebaut hatte; es war die erste dieser Art. Am Eingang hingen eine Reihe von Bildern von Picasso, Man Ray und Picabia, die einfach in Stücke gerissen wurden. Die Polizei brauchte eine Stunde, um den Raum von Störern zu befreien.»[60]

Zwei Tage nach diesen tumultarischen Szenen verlangten die Zensurbehörden, die den Film ursprünglich ohne Beanstandungen freigegeben hatten, den Schnitt von zwei blasphemischen Szenen. Dieser Auflage wurde entsprochen. Dennoch begannen rechtsgerichtete Pariser Zeitungen eine massive Kampagne gegen *L'Âge d'or*. Im «Figaro» war etwa zu lesen, hier würden Vaterland, Familie und Religion durch den Dreck gezogen und es handle sich «um einen Versuch von Bolschewismus besonderer Art, ja wirklich spezieller Art, der darauf abzielt, uns zu verderben»[61]. Unverhohlen wurde der Zensor zum Einschreiten aufgefordert. Die Behörden verstanden den Wink. Am 11. Dezember 1930 wurde der Film offiziell verboten, am folgenden Tag beschlagnahmte die Polizei alle Kopien, derer sie habhaft werden konnte.

Der Film, der seine subversive Kraft so spektakulär unter Beweis gestellt hatte, beschreibt laut Buñuel den geraden Weg eines Menschen, *der der Liebe durch die gemeinen humanitären, patriotischen Ideale und andere schändlichen Mechanismen der Wirklichkeit hindurch folgt*[62]. Die Eingangsszene bietet Dokumentaraufnahmen von Skorpionen, wissenschaftlichen Erläuterungen ihrer Gewohnheiten, ihrer Gefährlichkeit, man sieht, wie ein Skorpion eine Ratte tötet – ein Bild darwinistischen Lebenskampfes. Dann sieht man Bischöfe an einer öden Felsenküste die Messe zelebrieren, in der nächsten Einstellung eine Schar heruntergekommener Banditen, die zu den Waffen greifen, um den landenden Mallorkinern[63] entgegenzutreten. Den Schiffen entsteigen Geistliche, Nonnen, Militärs, Minister, Zivilisten – Honoratioren aus dem Spanien des Jahres 1930. Sie vollziehen, ungeachtet der Tatsache, daß von den Bischöfen inzwischen nur noch Skelette übriggeblieben sind, einen feierlichen Akt: die Grundsteinlegung der «ewigen» Stadt Rom. Diese Gründungszeremonie wird durch ein Paar, das sich in ekstatischem Liebesspiel im Schlamm wälzt, gestört. Die beiden werden brutal getrennt, der Mann wird geschlagen und verhaftet. Dabei versetzt er einem Hund einen barbarischen Fußtritt und zertritt einen Käfer: das erste Mal, daß Buñuel einen der Hauptaspekte der Freudschen Theorie illustriert: den Zusammenhang von Frustration und Aggression. Im Gegensatz zu Buñuels Erstlingsfilm kommt der Gewalt in *L'Âge d'or* kein mythisches Eigenleben zu; sie ist entweder Strafe für die Verletzung von Tabus oder spontane Reaktion auf die Versagung von Liebe. Noch die grausamste Tat des Mannes, wenn er scheinbar grundlos einen Bettler mißhandelt, ist als mittelbare Auflehnung gegen die Unterdrückung der Sexualität erkennbar.

In Buñuels Film unterliegt am Ende das Lustprinzip dem Realitätsprinzip. Die alle gesellschaftlichen Konventionen mißachtende Liebe, die von den Surrealisten immer wieder propagierte «amour fou», zerbricht an den geltenden Moralvorstellungen. Der Mann reagiert mit ohnmächtiger Wut, zerbeißt ein Kissen, wirft durch das Fenster eine brennende Kiefer, einen Bischof, einen Pflug und stürzt eine Giraffe ins Meer. Buñuel malt den Triumph der Sinnlichkeit nicht aus, schildert den Wunsch nicht als Wirklichkeit. Nur der Phantasie gelingt es in seinem Film, die Wirklichkeit zu überlisten. Sie entwirft das Traumbild einer befreiten Welt, wie es Breton proklamiert hatte: «Allein die Phantasie gibt mir Rechenschaft über das, was sein könnte.»[64] Nur wenn das Paar die Wirklichkeit durch die Imagination überwindet, gelingt ihm eine Ahnung des Glücks: In den Augen des Mannes verwandeln sich Plakate

und Schaufensterdekorationen in das Ziel seiner Sehnsucht, die Geliebte tritt ihm aus den toten Objekten entgegen. Dennoch billigt Buñuel
der Imagination hier nicht die Kraft zu, das Bestehende endgültig zu
überwinden. Konkret nennt der Film jene Repräsentanten des herrschenden Sittengesetzes beim Namen, die einer befreiten Welt entge-
genstehen: Vaterland, Familie, Religion.

Dies hat ihm Salvador Dalí besonders verübelt. Ursprünglich hatte
Buñuel auch seinen zweiten Film mit Dalí drehen wollen[65], doch änderte er das gemeinsam erarbeitete Szenarium völlig: *Dalí hatte mit den
Dreharbeiten nichts zu tun, und ich setzte seinen Namen im Vorspann nur
aus Freundschaft neben meinen.*[66] Umgekehrt hat Dalí die Arbeit Buñuels später angegriffen: «Wie vorausgesehen, hatte Buñuel mich verraten und, um sich auszudrücken, Bilder gewählt, die aus dem Himalaja
meiner Ideen Papierschiffchen machten. *Das goldene Zeitalter* war ein
antiklerikaler, irreligiöser Film geworden.»[67] So scheiterte die Zusammenarbeit der beiden Künstler nicht zuletzt an Dalís politischem und so-
zialem Desinteresse. «Die Politik, das Engagement, wie die Surrealisten

sagten, hatte uns auseinandergebracht», erklärte Dalí, «ich gab auf den Marxismus so viel wie auf einen Furz, wobei mich ein Furz immerhin erleichtert und inspiriert. Die Politik erschien mir wie ein Krebs, der die Poesie zerfrißt.»[68]

Der Streit zwischen Buñuel und Dalí war paradigmatisch für die Richtungskämpfe innerhalb der surrealistischen Gruppe. Zu Anfang hatten sich die Surrealisten gegenüber der sozialen Wirklichkeit eher indifferent gezeigt: «Die surrealistische Revolution will zunächst gar nicht unter allen Umständen die dinglichen sichtbaren Verhältnisse ändern, sie will vielmehr das Denken aller Einzelmenschen in Bewegung bringen.»[69] Dies war 1924, doch ein Jahr später zwingt der Krieg, den Frankreich gegen die marokkanischen Aufständischen unter Ad el-Krim führt, die Surrealisten, ihre geschichtsferne Haltung aufzugeben. Sie nehmen Partei für den Aufstand, und wenige Monate später wird eine neue Tonart angeschlagen: «Wir sind keine Utopisten: uns interessiert an dieser Revolution nur der soziale Aspekt.»[70]

Wohl auch aus der berechtigten Angst heraus, von der Pariser Bohème aufgesogen zu werden, traten führende Surrealisten – Breton, Aragon, Éluard – in die Kommunistische Partei Frankreichs (KPF) ein. Dem Bemühen, die eigenen, rigiden moralischen Vorstellungen mit den Zielen und Methoden einer kommunistischen Partei zu verbinden, war nur ein fragwürdiger Erfolg beschieden. Soweit sich die Surrealisten an die künftigen Opfer der Revolution, das Bürgertum, wandten, um deren Moral zu zersetzen, waren sie in der KPF gelitten, doch nicht selten suchten sie mit ihrem ethischen Rigorismus auch Fehler in der eigenen Partei. Diese Zusammenarbeit, schwierig genug, wurde noch zusätzlich durch zaudernde oder gar widerwillige Gruppenmitglieder erschwert.

Als Buñuel in die Gruppe eintrat, war gerade wieder einmal die «gesinnungsmäßige Zuverlässigkeit» der Gruppenmitglieder überprüft worden. Ausgeschlossen wurden jene, die im Verdacht standen, der ästhetischen Praxis zuviel Eigenwert beizumessen. Buñuel und Dalí wurden sofort für die Mehrheitsfraktion in Beschlag genommen: «Daß Nachwuchsleute wie Char, Dalí, Buñuel der surrealistischen Gruppe beigetreten sind und neue Ausdrucksmittel mitgebracht haben», schrieb Aragon, «die das Wirken der Gruppe in höchstem Maße fördern werden, und daß die Gruppe ihre Tätigkeit ganz allgemein ausgeweitet hat, macht das Ausscheiden so vieler zaudernder, kapriziöser, wankelmütiger Wirrköpfe und eingefleischter Literaten über alles Erwarten wieder wett.»[71] Im Falle Dalí irrte Aragon. Dalís «Unabhängigkeitserklärung der Phantasie» war eine Absage an jedes soziale Interesse. Dalí folgte letztlich nie der surrealistischen Doktrin, er machte nicht Unbewußtes bewußt, sondern das Bewußte unbewußt und rätselhaft. Für Buñuel aber war das surrealistische Verfahren immer ein Mittel zum besseren Erkennen des Wirklichen, er war ein Aufklärer, aber einer, dessen Neu-

Max Ernst in «L'Âge d'or»

gier nicht vor der unmittelbar sichtbaren Realität haltmachte. Verglichen mit der gesellschaftspolitischen Position, die sich Ende der zwanziger Jahre in der surrealistischen Gruppe durchgesetzt hatte, war *Un Chien andalou* anachronistisch. Erst in *L'Âge d'or* versuchte Buñuel die surrealistische Ästhetik mit den didaktischen und propagandistischen Ansprüchen der Partei in Einklang zu bringen, wobei die surrealen Momente deutlich überwogen. Zwei Jahre später ließ Buñuel – gemeinsam mit Aragon, Sadoul, Aleixandre und Unik – die Surrealisten im Stich und trat in die Kommunistische Partei Frankreichs ein, ohne jedoch der Theorie des sozialistischen Realismus jemals Konzessionen gemacht zu haben.

Schon für *L'Âge d'or* gilt jenes Credo, das Buñuel viele Jahre später formulieren wird: *Ich bin der Meinung, daß ein Film, außer daß er der Unterhaltung dient, immer die Idee vertreten und indirekt vermitteln muß, daß wir in einer brutalen, scheinheiligen, ungerechten Welt leben.*[72] Buñuels politisches Engagement ist im *Goldenen Zeitalter* in einer Schlüsselszene so illustriert: In einem Schloß trifft sich die feine Gesellschaft, ein Eselskarren fährt durch den Salon, Rauchwolken schlagen aus der Tür

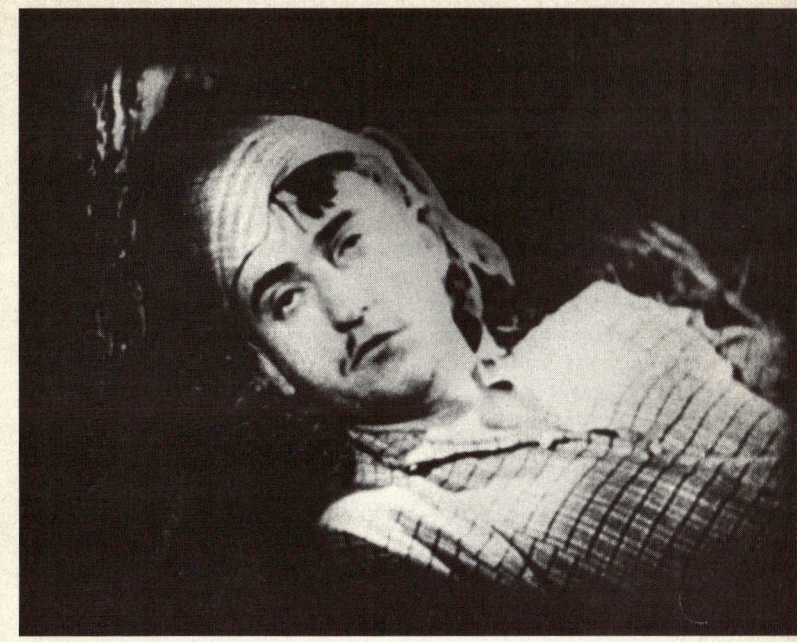

Szenenfoto aus «L'Âge d'or»

zur Küche, ein Zimmermädchen sinkt halb erstickt zu Boden, der Jagd-
hüter erschießt seinen kleinen Sohn, weil dessen Spiel ihn beim Zigaret-
tendrehen gestört hat – Episoden, die von den vornehmen Herrschaften
nur indigniert zur Kenntnis genommen werden. Pures Entsetzen greift
erst um sich, als der Mann einer Dame aus belanglosem Anlaß eine Ohrfeige gibt.

Von unverhüllter Blasphemie sind die Schlußszenen: Die Überleben-
den jener schwarzen Messe, die der Marquis de Sade in «Die 120 Tage
von Sodom» beschrieben hat, verlassen Schloß Sellingly. Unter ihnen
befindet sich der Graf von Blanis, der Mörder eines jungen Mädchens,
dessen äußere Erscheinung Buñuel populären Christus-Darstellungen
angenähert hat. Dies war eine kalkulierte Geschmacklosigkeit gegenüber einem Publikum, das nach surrealistischer Überzeugung mit behut-
samer Überredung nicht mehr zu gewinnen war; die Surrealisten ver-
hielten sich im wesentlichen destruktiv, betrieben eine Politik des Protests, deren Hauptwaffe die Beleidigung war, und kaum ein Surrealist
hat diese Verhöhnung des sogenannten guten Geschmacks weiter getrie-
ben als Buñuel.

L'Âge d'or hatte dank dem Mäzenatentum eines Adeligen, des Vicomte de Noailles, gedreht werden können, doch nach dem Skandal zog sich de Noailles verschreckt zurück. Am Ende hatten nur die Surrealisten die Buñuelsche Idee der unbedingten Liebe in einem Manifest entschlossen verteidigt: «Noch ist das eng mit dem Kapitalismus verbundene Problem, warum Gefühle scheitern, nicht gelöst. Auf allen Gebieten wird offenbar nach neuen Konventionen gesucht, die dem Leben bis zum Zeitpunkt einer noch illusionären Befreiung dienen sollen. Die Psychoanalyse hat auf diesem Gebiet die meisten Vorurteile hervorgerufen, denn das Problem der Liebe ist außerhalb der Erscheinungsformen geblieben, die sie begleiten. Es ist das Verdienst von *L'Âge d'or*, die Irrealität und Unzulänglichkeit einer solchen Auffassung zu zeigen. Buñuel hat eine Hypothese über Revolution und Liebe aufgestellt, die ... das Innerste der menschlichen Natur berührt, und durch zahllose wohltuende Grausamkeiten hindurch diesen einzigartigen Augenblick festgehalten, wo man mit zusammengepreßten Lippen der ganz entfernten, ganz gegenwärtigen, trägen, eiligen Stimme folgt, die schließlich in ein so starkes Brüllen übergeht, daß man sie kaum mehr hört: LIEBE ... Liebe ... Liebe ... Liebe.»[73]

Das goldene Zeitalter, sagte Buñuel, ist der einzige Film meiner Karriere, den ich in einem Zustand von Euphorie, Enthusiasmus und Zerstörungsrausch drehte, in dem ich die Vertreter der «Ordnung» angreifen und ihre «ewigen Prinzipien» lächerlich machen wollte; mit diesem Film wollte ich absichtlich einen Skandal herbeiführen. Die Begeisterung, von der ich damals besessen war, habe ich seither niemals wieder gefunden, ebensowenig wie die Gelegenheit, mich noch einmal in so vollkommener Freiheit ausdrücken zu können. Es war die damalige Epoche, die einen solchen Geisteszustand hervorbrachte, und ich fühlte mich nicht allein: die ganze Gruppe der Surrealisten stand hinter mir. Heute ist es nicht mehr dasselbe. 1958 hat Breton zu mir gesagt: «Es ist nicht mehr möglich, bei irgend jemandem einen Skandal hervorzurufen.» Und er hat recht. In London fand eine Retrospektive meiner Filme statt, auf der «Das goldene Zeitalter» zwölfmal vorgeführt wurde (ein Briefträger hat an allen zwölf Vorführungen teilgenommen): Kein einziger Protest, kein einziges Zeichen des Unbehagens. Die Leute fanden den Film sehr erheiternd.[74]

Als *L'Âge d'or* in Frankreich Schlagzeilen machte, war Buñuel schon nicht mehr in Paris. Der Filmkonzern Metro-Goldwyn-Meyer hatte ihn nach Hollywood engagiert. *Die Metro hatte den Film in Paris gesehen und sofort die weibliche Hauptdarstellerin des Films, Lia Lys, engagiert. Dann schlugen sie mir vor, mit einem Vertrag nach Hollywood zu gehen. Aber ich habe abgelehnt. Im Grunde interessierte es mich nicht, unter solchen Umständen Filme zu machen. In Paris war ich frei, die Filme zu machen, die ich wollte, mit Freunden, die mir Geld gaben. Daraufhin haben sie mich als Beobachter engagiert. Ich sollte sechs Monate lang «beobach-*

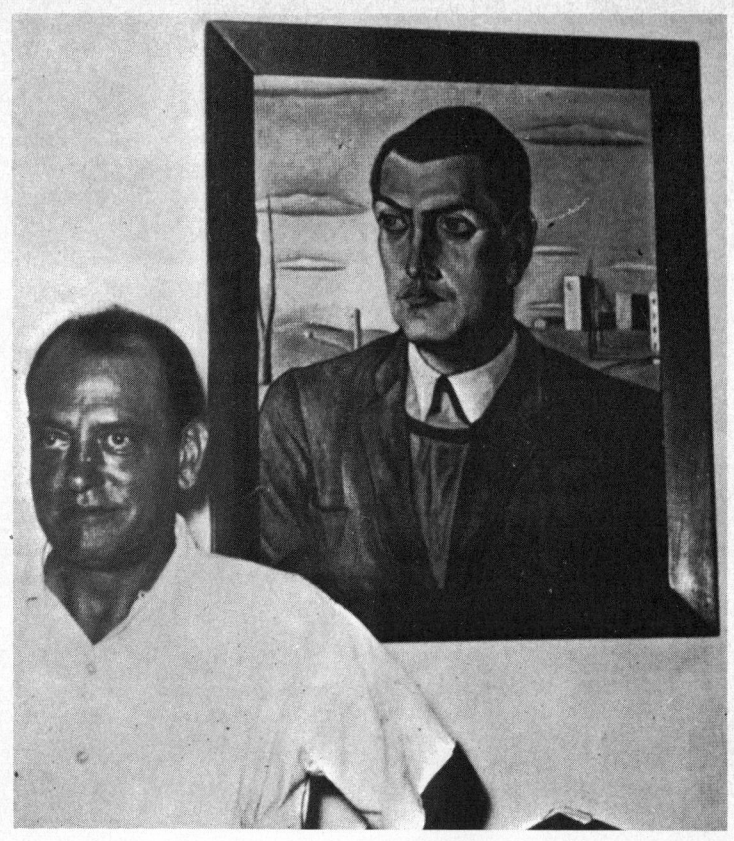

Der Regisseur vor Dalís Buñuel-Porträt

ten», wie dort Filme gemacht werden, vom Scenario bis zum Schnitt.[75]
   Die Surrealisten hatten eine Vorliebe, wenn nicht für den Hollywood-Film schlechthin, so doch für einzelne Gattungen wie die Komödie. So lobte etwa Dalí, nur die amerikanischen Filmkomödien hätten eine irrationale Tendenz, die den Weg der Poesie abstecke: «So Mack Sennetts ungewöhnliche Filme, alle zweitrangigen Filmkomödien mit kaum bekannten, nicht besonders begabten Schauspielern sowie alle Filme, die wir dem Genie einzelner wie zum Beispiel Harry Langdon verdanken.»[76] Den Surrealisten, soweit sie sich überhaupt für den Film interessierten, schien Hollywood am ehesten einen Weg aus der verachteten Elitekultur zu weisen. Und auch Buñuel hat bekanntlich immer wieder den amerikanischen Film dem europäischen Kunstfilm vorgezogen.

45

Szenenfoto aus «L'Âge d'or»

Die Einladung nach Hollywood war also weniger überraschend, als es auf den ersten Blick scheinen mag. Schließlich hat sich die amerikanische Filmindustrie nicht zuletzt deshalb so glänzend behauptet, weil sie Außenseiter immer wieder integrieren konnte. Zudem hatte Buñuel in *L'Âge d'or* sein handwerkliches Können unter Beweis gestellt. Andererseits mußte einem Surrealisten wie Buñuel, der die Abspaltung der Kunst vom Leben gerade überwinden wollte, der Surrogatcharakter Hollywoods verdächtig sein. Und auch gegen die merkantile Verwertbarkeit ihrer ästhetischen Produkte haben die Surrealisten heftig, wenn auch vergebens angekämpft. So entsprach die Unverbindlichkeit des Angebots wohl Buñuels zwiespältigen Gefühlen – aber er akzeptierte es.

Ein Eklat, den Buñuel während der Überfahrt auf einem amerikanischen Dampfer provozierte, illustriert bereits jene Dialektik von Auflehnung und Anpassung, die fortan sein Leben als Regisseur bestimmen sollte. Der Kapitän hatte die Passagiere zu einer Party gebeten, an deren Ende das Bordorchester die amerikanische Nationalhymne spielte. Alle Gäste standen auf, nur Buñuel blieb sitzen, legte die Füße auf den Tisch und pfiff die «Marseillaise». Der Kapitän war über die Unhöflichkeit Buñuels so erbost, daß er ihn zum Duell fordern wollte. Nur der Intervention einiger Freunde war es zu verdanken, daß ein Debakel vermieden wurde. Diese Taktlosigkeit stand in bester surrealistischer Tradition, hatten die Gruppenmitglieder doch in den zwanziger Jahren dem Motto «épater le bourgeois» ausdauernd gehuldigt. Ein happeningartiges Spektakel, das Buñuel auf der Weihnachtsfeier von Charles Chaplin inszenierte, bewies mehr Witz. Gerade als sich die Gäste um den Tannenbaum scharen wollten, begannen Buñuel und einige Freunde, den prachtvollen Baum mittels eigens mitgebrachter Scheren von allen Ästen dermaßen resolut zu befreien, daß nur noch der kahle Stamm übrigblieb. Ihre Aktion begleiteten sie mit dem Ruf: «Nieder mit den Symbolen.»

In den Studios der Metro begrüßte ihn der Produktionsleiter unwirsch: *Ziemlich merkwürdig, Ihr Vertrag, aber schließlich, womit wollen Sie beginnen: Studio, Scenario, Montage?*[77] Buñuel entschied sich für das Studio. Darauf schickte man ihn für einen Monat ins Atelier 24, in dem Greta Garbo gerade einen Film drehte. *Beim Betreten des Studios sah ich Greta Garbo, die gerade geschminkt wurde. Sie sah mich aus den Augenwinkeln an und fragte sich wahrscheinlich, wer dieser Fremde sei.*

Arbeitsfoto zu «L'Âge d'or»

Buñuel mit Eisenstein in Hollywood, 1930

Dann sagte sie irgend etwas in einer unverständlichen Sprache (es war Englisch) – zu der Zeit konnte ich gerade «Good Morning» sagen – und gab einem Kerl einen Wink, der mich sogleich vor die Tür setzte. Von dem Tag an habe ich mich nur noch jeden Samstagnachmittag an der Kasse blicken lassen, und niemand hat sich mehr um mich gekümmert.[78] Immerhin fand Buñuel es doch angebracht, sich nach drei Monaten wieder beim Produktionsleiter der «Metro» in Erinnerung zu bringen.

Der erklärte ihm, Irving Thalberg, der Chef der Produktionsgesellschaft, wünsche, daß sich Buñuel einen Film in spanischer Sprache mit Lili Damata in der Hauptrolle ansehe. Buñuel ließ dem gefürchteten Irving Thalberg ausrichten, er habe keine Zeit, sich Huren anzuhören. Damit war Buñuels Gastspiel zu Ende – zwei Monate vor dem vereinbarten Termin.

Im April 1931 war Buñuel wieder in Frankreich. Zu dieser Zeit war in Spanien die Republik ausgerufen worden. Der spanische König, Alfons XIII., hatte abgedankt und das Land für immer verlassen. Die Macht fiel an eine provisorische Regierung aus gemäßigten Republikanern und Sozialisten. Hastig wurde versucht, das Land zu liberalisieren. Die Agrarreform sollte die Rechte der Kleinbauern und Landarbeiter stärken, das Schulsystem sollte von kirchlicher Beeinflußung befreit, die Orden aufgelöst, Priester nicht mehr länger vom Staat bezahlt werden. Trotz solch weitgehender Reformvorhaben gelang es der Regierung

nicht, die radikale Linke zum Stillhalten zu bringen. Anarchisten zünde-
ten Kirchen und Klöster an, inszenierten gewalttätige Streiks, denen die
Regierung mit extremer Härte begegnete. Naturgemäß opponierten jene am heftigsten, deren Privilegien beschnitten werden sollten: der hohe
Klerus, Teile der Armee und die Feudalherren. So kam das Ende der
spanischen Republik zwar nicht zwangsläufig, aber auch nicht überraschend.

Buñuel fuhr sofort in die Heimat. *Ich bin zwei Tage in Paris geblieben,
dann habe ich mir das Geld geliehen, um per Taxi nach Madrid zu kommen.*[79] Als er wieder nach Frankreich zurückkehrte, war er entschlossen, die junge Republik als Filmregisseur zu unterstützen.

Buñuel wollte einen Dokumentarfilm über das Leben der Menschen in
Las Hurdes, einer unwirtlichen Region kaum hundert Kilometer südwest-
lich von Salamanca, drehen. Das Geld für dieses Projekt lieh ihm ein
Freund, ein Arbeiter namens Remón Acín, der Buñuel versprochen hatte:
«Wenn ich eines Tages in der Lotterie gewinne, bezahle ich dir deinen
Film.» Drei Monate später gewann er. *Aber er war Anarchist, und seine
anarchistischen Kameraden waren der Meinung, er müßte das Geld vertei-
len. Trotzdem hat er Wort gehalten und mir 20 000 Peseten gegeben.*[80]

Die schockierenden Visionen, die Buñuel in seinen früheren Filmen
geboten hatte, muten, verglichen mit der in *Las Hurdes* gezeigten Realität; harmlos an. Buñuel hatte eine Wirklichkeit entdeckt, die surrealer
wirkte als die Traumbilder des Surrealisten. Für ihn war dies kein Bruch
in seiner Ästhetik. Die surrealistische Sicht der Dinge, so argumentierte
er, lasse sich ebensogut auf die Realität anwenden: *Zum Beispiel: ich
besuchte die Gegend Las Hurdes. Das Elend dieses Landes erschütterte
mich zutiefst. Da entschloß ich mich, einen Dokumentarfilm darüber zu
drehen. An einen solchen Film kann man natürlich nicht mit Imagination
und Poesie herangehen. Ich mußte der Realität so begegnen, wie sie ist,
und wurde davon so beeindruckt, daß ich diese Landschaft nur von den
moralischen Prämissen des Surrealismus her sehen konnte. Man kann also sagen, daß man in allen Surrealisten zwei Aspekte unterscheiden muß:
einen moralischen und einen poetischen.*[81]

Tatsächlich hat *Las Hurdes* mit der surrealistischen Theorie nur am
Rande zu tun. Wohl war die moralische Parteinahme ein Aspekt des
Surrealismus gewesen, aber gewiß nicht der wichtigste. Auch mit dem
Interesse der Surrealisten am Unbewußten, an Traum und Wahnsinn,
hatte dieser Film nichts gemein. In *Las Hurdes* wird die Wirklichkeit
nicht ästhetisch sublimiert, sondern gezeigt. Seither gibt es in Buñuels
Filmen zwar noch surreale Motive, einen surrealistischen Film hat er je-
doch nie mehr gedreht. Er selbst hat, als man ihn fragte, ob Cocteaus
«Le Sang d'un poète» ein surrealistischer Film sei, geantwortet: *Wenn
einer kein Surrealist ist, kann er keinen surrealistischen Film machen.*[82]
Dennoch hat Buñuel auch in späteren Jahren die moralische Position

des Surrealismus, wie er sie verstand, für seine Arbeit in Anspruch genommen.

Ihm wurde der Surrealismus – nicht als Bewegung, sondern als Idee – zu einer Art drittem Weg zwischen Parteilichkeit und Kommerz.

Las Hurdes ist der Bericht über eine zweimonatige Reise. Bevor Buñuel, sein Kameramann Eli Lotar und der Autor Pierre Unik die Hurdes erreichten, filmten sie in La Alberca einen barbarischen Ritus: Jungvermählte Ehemänner rissen, auf Pferden galoppierend, Hähnen, die mit den Füßen an einem Seil aufgehängt waren, die Köpfe ab. Die Szene war gewiß abstoßender als vieles, was dann aus den Hurdes gezeigt wird, grausamer, unmenschlicher ist sie nicht. Dennoch reagieren wir auf sie emotionaler, erschrockener, und nicht ohne List der Vernunft zeigt uns Buñuel damit, wie sehr das Fühlen vom Wahrnehmen abhängt, da wir uns derart unsensibel gegenüber jenem Elend verhalten, das sich nicht spektakulär bebildern läßt. Nicht zufällig hat in Frankreich der Zensor gerade diese Szene geschnitten; die Trostlosigkeit des Lebens in *Las Hurdes* glaubte er hingegen dem Zuschauer zumuten zu können.

Die Hurdes sind 52 armselige Dörfer, in denen ein paar tausend Menschen dahinvegetieren. Obwohl sie so arm sind, daß der folgende Sinnspruch zum puren Zynismus wird, muß ein Kind an die Tafel schreiben: «Respektiere das Eigentum anderer.» *Land ohne Brot* hat Buñuel seinen Film auch genannt, und dieses Land ähnelt einem Schreckenskabinett: In Folge von Inzucht und Krankheit gibt es dort viele Kretins und Zwerge; kaum ein Bewohner, der nicht an Malaria oder Ruhr erkrankt ist.

Einmal im Jahr versuchen die Menschen auf gespenstische Weise, ihre Vision von Glück zu leben. Sie töten das einzige Schwein, das sie besitzen, und verschlingen es in drei Tagen.

An einer Stelle des Films erfahren wir, das einzig Luxuriöse in den Hurdes seien die Kirchen. Dies wird Buñuels Kritik an der Kirche bleiben: daß sie die Glücksvorstellungen auf einen steinernen Abglanz verweist, daß sie mit dem schlecht Bestehenden versöhnt, anstatt die Auflehnung zu predigen. Der Luxus von Kirchen muß nach Buñuels Ansicht zur Ideologie gerinnen in einer Region, in der den Menschen das Bewußtsein für ihre Geschichtlichkeit und damit auch die Ahnung von der Änderbarkeit ihres miserablen Lebens verlorengegangen ist.

Es wirft ein bezeichnendes Licht auf Luis Buñuel, daß er die Institution von ihren Vertretern, wann immer es angebracht war, hat trennen können. So freundete er sich während der Dreharbeiten mit dem Pfarrer eines Dorfes an, einem Geistlichen, der damals wie viele Angehörige des niederen Klerus in Spanien sehr arm war und dem er noch jahrelang Geld, Lebensmittel und ein Abonnement der konservativen Tageszeitung «ABC» schickte.

In *Las Hurdes* hat Buñuel das Typische zu dokumentieren versucht.

So ist er dem naheliegenden Fehler entgangen, das Unbegriffene lediglich zu reproduzieren. Zugleich wirken die Akteure dieses Films niemals, als würden sie zu politischer Agitation mißbraucht, als seien sie nur Objekte.

Las Hurdes ist ein Film, der auf Widersprüchen basiert. Der nüchterne Kommentar kontrastiert mit den Bildinhalten, die Verheißungen des technisch-naturwissenschaftlichen Zeitalters – durch die Kamera symbolisch präsent – widersprechen den anachronistischen Szenen. Dieser Gegensatz besteht auch zwischen Bildern und Musik. Buñuel hat *Las Hurdes* mit Brahms «Vierter Symphonie» unterlegt, damit gleichsam die These illustrierend, daß die Dokumente der Kultur auch allemal solche der Barbarei seien.[83]

Einigen Kopien war ein Nachspann angefügt, in dem es hieß: *Das Elend, das sie soeben gesehen haben, ist kein Elend, dem nicht abzuhelfen wäre.* Eines der wenigen Beispiele für Buñuels Vertrauen in den positiven Fortgang der Geschichte.

Die republikanische Regierung, kaum ein paar Monate im Amt, hätte schwerlich für die Verhältnisse in den Hurdes verantwortlich gemacht

Szenenfoto aus «Las Hurdes»

Buñuel beim Paella-Backen in Mexiko

werden können. So wäre zu erwarten gewesen, daß sie Buñuels Film für ihren Kampf genutzt hätte. Das Gegenteil geschah: *Er ist von der spanischen Republik verboten worden, da er Spanien beleidige und die Spanier verleumde. In den offiziellen Kreisen war man wütend und veranlaßte die Botschaften, zu verhindern, daß der Film im Ausland gezeigt würde. So konnte er in Frankreich erst 1937 gezeigt werden, mitten im spanischen Bürgerkrieg.*[84] Das Verbot von *L'Âge d'or* hatte Buñuel ungerührt hingenommen, das Verbot von *Las Hurdes* traf ihn, weil Schläge von Freunden nun einmal mehr schmerzen. Buñuel resignierte: *Ich wollte keine Filme mehr machen.*[85]

Die finanziellen Zuwendungen seiner Mutter hätten ihm in Paris ein sorgenfreies Leben erlaubt. Allerdings hatte er 1933 geheiratet, eine Französin, Jean Rucar, und ein Jahr später kam sein erster Sohn, Juan Luis[86], zur Welt. Dies mag einer der Gründe für Buñuels Eingeständnis gewesen sein, er habe sich geschämt, nichts zu tun. So synchronisierte er zwei Jahre lang Filme der amerikanischen Gesellschaft Paramount in Paris. Dann schickte ihn ein anderer Filmkonzern, Warner Brothers, nach Spanien, um dort Koproduktionen zu überwachen. Bald jedoch startete Buñuel zusammen mit seinem Freund Ricardo Urgoiti eine eigene Filmproduktion. In einem Interview aus dem Jahre 1954 erinnerte sich Buñuel: *Ich habe vier unbedeutende Filme produziert, deren Titel ich vergessen habe.*[87] Tatsächlich aber hatte Buñuel verlangt, obwohl er faktisch die Aufgaben eines Regisseurs erfüllte, als solcher nicht genannt zu werden. Gewiß, diese Komödien und Melodramen waren vergleichsweise unbedeutend, und doch wird Buñuel Jahre später in Mexiko mit seinem Namen für Filme geradestehen, die auch nicht besser waren. So ist zu vermuten, daß sich Buñuel vor jenen Kritikern fürchtete, die ihm, dem Bürgerschreck, dem Regisseur von *L'Âge d'or*, diese Dutzendfilme hätten vorhalten können. Selbst in Mexiko wird Buñuel noch einmal versuchen, zu verhindern, daß der Film *Los Olvidados* auf den Filmfestspielen von Cannes zu sehen ist, wobei sich die groteske Pointe ergibt, daß dieser Film den Hauptpreis des Festivals erhält.

Am 17. Juli 1936 nahmen rechte Militärs die Ermordung eines ihrer Wortführer, Calvo Sotelo, zum Anlaß für einen Putsch. Der spanische Bürgerkrieg begann: *Ich dachte, die Welt ginge unter, und man hätte an Wichtigeres zu denken als an Filme. Ich habe mich der republikanischen Regierung in Paris zur Verfügung gestellt.*[88] Buñuel montierte einen Dokumentarfilm aus Wochenschauaufnahmen zusammen, um die Weltmeinung zu mobilisieren: *España leal en armas* (Spanien zu den Waffen). 1938 schickte ihn die republikanische Regierung in diplomatischer Mission nach Hollywood. Er sollte dort als «technical adviser» zwei Filme über die spanische Republik begutachten. *Dort wurde ich vom Ende des Krieges überrascht. Ich saß nun völlig isoliert und ohne Arbeit in Amerika.*[89] In dieser fatalen Situation fand er eine Anstellung in der Filmabteilung des New Yorker Museum of Modern Art, doch sollte dieser friedliche Zustand nicht lange dauern.

Aus Salvador Dalís damals publizierten Erinnerungen war bekannt geworden, daß Buñuel bis 1937 Mitglied der KP Frankreichs gewesen war. Buñuel hat die Frage, ob in Amerika erst aus Dalís Veröffentlichung bekannt wurde, daß er *L'Âge d'or* gedreht habe, eindeutig mit Ja beantwortet. Der Erzbischof von New York, der spätere Kardinal Spellman, fragte Iris Barry, die Buñuel in das Museum geholt hatte: «Sind Sie sich bewußt, daß Sie in diesem Museum den Antichrist beherbergen, den Mann, der einen blasphemischen Film *L'Âge d'or* gemacht hat?»[90] Buñuel kündigte, verpaßte später, wie kolportiert wird, Dalí für die Denunziation eine Ohrfeige und nannte Spellman neben Adenauer und Truman jenen Mann, der ihm unter seinen Zeitgenossen am widerwärtigsten sei. Dagegen bezeichnete er Einstein, Freud und Lenin als die größten Männer seines Jahrhunderts.

Er verdingte sich nun bei dem amerikanischen Ingenieurskorps als Sprecher für die spanischen Fassungen von Industriefilmen. *Danach wurde ich von Warner Bros. nach Hollywood engagiert; sie hatten eine Produktion spanischer Synchronfassungen geplant. Ich will ... gestehen,*

*daß ich von Natur faul bin, aber wenn ich arbeite, arbeite ich ordentlich
... In Hollywood bin ich zwei Jahre geblieben, von 1944 bis 1946. Da ich
dort relativ gut verdient habe, konnte ich mir etwas zurücklegen, um
mich dann ein Jahr meiner Lieblingsbeschäftigung zu widmen: dem
Nichtstun.*[91]

Ein Jahr später steht Buñuel wieder ohne Geld da. Ein mexikanischer
Produzent holt ihn nach Mittelamerika, und nun beginnt eine nahezu
unglaubliche Renaissance. Ein Regisseur, von dem man fünfzehn Jahre
nichts mehr gehört hatte, startet in einem Land, dessen kulturelle Tradition ihm bis dahin vollkommen fremd gewesen war, eine zweite Karriere, die seiner ersten an Bedeutung für die Geschichte des Films nicht
nachsteht.

Mexiko

Im Jahre 1946 kommt Luis Buñuel nach Mexiko, dem Land, von dem der Schriftsteller Carlos Fuentes schrieb, seine Geschichte bestehe aus lauter Brüchen, so daß es erst «eine Maske tragen mußte, dann eine andere, dann noch eine andere sie zerbrechen mußte, um eine andere überzuziehen, bis es gänzlich die Idee, das Bewußtsein seiner selbst verloren hat. Es hatte einst eine große autochthone Zivilisation. Sie wurde zerstört, vernichtet bis auf die Wurzeln. Das Volk wurde versklavt; Neu-Spanien bedeutete einen Neubeginn vom Punkte Null aus. Neu-Spanien seinerseits wurde zerstört durch die Unabhängigkeit, und es kam die sehr europäisierte, liberale Gesellschaft des 19. Jahrhunderts. Dann die Revolution, die dem mexikanischen Volk eine Gemeinschaft der Kämpfe, aber auch des Lachens und der Lieder gab. Mit Hilfe der Eisenbahn wurde die Isolierung der kleinen Gemeinschaften aufgehoben, haben wir unsere Eigenarten entdeckt. Es war eine große, nationalistische Reaktion, die Mexiko erlaubt hat, sich selbst zu erkennen, seine Vergangenheit, seine Geschichte zu verarbeiten, die aber auch in Chauvinismus ausgeartet ist. Und unser Land ist ein Land von Leuten geworden, die Monologe führen, die nicht mit anderen sprechen, wo eine Klasse, die sich selbst ‹weihen› will, eine kastrierte Filmkunst verlangt, die ihr ein gutes Gewissen schenkt.»[92]

Folgerichtig beklagt der mexikanische Filmwissenschaftler Manuel Michel, die bedeutendste Eigenschaft der Filmindustrie seines Landes sei deren Tendenz zur Versteinerung: «Wie bei allem, was unter Greisenhaftigkeit leidet, herrscht auch in unserer Filmindustrie eine kindliche Attitüde vor, der allerdings die Unschuld fehlt. Seit seinem Bestehen verließ sich unser Film auf feststehende Charaktere und banale Geschichten, die noch nicht einmal in die Kategorie der Stereotypen passen würden, da sie nur groteske Karikaturen der Wirklichkeit sind. Bis heute haben es unsere Filmhersteller nicht verstanden, für irgendeines der filmischen Genres neue Regeln zu finden; günstigstenfalls haben sie versucht, die Arten auszuschlachten, die im nordamerikanischen oder europäischen Film entwickelt worden sind.»[93]

Buñuel hat nie den Eindruck zu erwecken versucht, er habe strikt gegen diese Produktionsmaximen opponiert. Die Bedingungen hat er sei-

Szenenfoto aus «Der Weg, der zum Himmel führt», 1951

nem eigenen Bekenntnis zufolge erst einmal akzeptiert, um dann zu versuchen, sie listig zu unterlaufen. So tragen Buñuels mexikanische Jahre unverkennbar schwejksche Züge, beweisen eine Fähigkeit zum fintenreichen Pragmatismus, wie man sie dem Regisseur von *L'Âge d'or* nicht zugetraut hätte.

Seine Taktik hat er am Beispiel des Films *El* (*Er*) beschrieben: *Bei «El» habe ich es gemacht wie immer in Mexiko: ein Film wird mir vorgeschlagen, und anstatt etwas völlig Belangloses zu akzeptieren, mache ich einen Gegenvorschlag – etwas, was immer noch kommerziell war, aber immerhin die Gelegenheit bot, einige Dinge zum Ausdruck zu bringen, die mir am Herzen lagen.*[94]

Die Vermutung, der List der Vernunft sei niemals ein vollständiger Sieg über die Industrie des Schönen gelungen, liegt nahe, und tatsächlich gibt es in kaum einem der mexikanischen Filme Buñuels eine völlige Identität von Absicht und Ergebnis. Buñuel hat deshalb zu vielen seiner Filme aus dieser Periode ein übertrieben gebrochenes Verhältnis. Seinen ersten mexikanischen Film *Gran Casino* nennt er *dumm, aber sauber*[95], von *El Bruto* sagt er: *... das Szenario von Alcoriza und mir war ziemlich interessant, aber ich mußte alles ändern, von vorn bis hinten. Jetzt ist es ein x-beliebiger Film, nichts Außergewöhnliches.*[96] Von *Cumbres Borrascosas* (*Abgründe der Leidenschaft*) heißt es: *Der Film taugt nichts.*[97]

Diese bald mehr, bald weniger rüden Eingriffe verbieten es, Buñuels mexikanische Filme als Werke des Autorenkinos zu bewerten. Von den Anhängern der Autorentheorie war der Filmkunst schon vor einigen Jahrzehnten prophezeit worden, sie befinde sich auf dem Wege, ein subjektives Ausdrucksmittel wie der Roman oder die Malerei zu werden; der Filmkünstler werde mit der Kamera schreiben lernen wie der Schriftsteller mit dem Federhalter. Der Film widerspricht freilich schon durch seine industrialisierte Fertigungsmethode dieser traditionellen Auffassung vom Künstlertum.

Filme entstehen in einem arbeitsteiligen Prozeß, und die Leistung des Regisseurs ist in den meisten Fällen gerade darin zu sehen, daß sie die vorfabrizierten Einzelteile in ein sinnvolles Ganzes integrieren, wenngleich es einigen europäischen Regisseuren in bewundernswerter Weise gelungen ist, ihren Filmen trotz industrieller Produktionsweise den Ausdruck einer persönlichen Weltanschauung aufzuprägen. Dies ist Buñuel in Mexiko nur vereinzelt geglückt; die Filme sind in der Regel nicht unmittelbarer Ausdruck seiner persönlichen Weltsicht, aber sie widersprechen ihr auch nicht. So sehr Buñuel die ästhetische Qualität einiger dieser Filme selbst kritisiert hat, so sehr hat er auch auf deren grundsätzlicher moralischer Integrität bestanden: *Hier in Mexiko habe ich mich zum professionellen Filmschaffenden entwickelt. Vorher drehte ich Filme, so wie ein Schriftsteller ein Buch schreibt, mit dem Geld von Freunden. Ich bin sehr froh und dankbar, in Mexiko zu sein, zumal ich hier wie in keinem anderen Land jeden Film machen kann. Es stimmt zwar, daß ich zunächst, von der Notwendigkeit gezwungen, billige Filme drehen mußte. Ich habe jedoch niemals einen Film gemacht, der im Widerspruch zu dem steht, was mir mein Gewissen und meine Anschauungen diktieren; oberflächliche und wertlose Filme habe ich nicht gemacht.*[98]

Buñuels besondere Leistung während seiner mexikanischen Periode bestand gerade darin, die Klischees und Genreregeln, wenn er sich schon nicht von ihnen lösen konnte, ironisch zu konterkarieren. So hat er am Ende die mexikanische Filmproduktion mehr beherrscht als diese ihn. Mit zunehmender Reputation, die er nicht zuletzt seiner Fähigkeit verdankte, rasch und unter strikter Einhaltung des Budgets zu drehen, konnte Buñuel immer mehr darauf verzichten, Stoffe zu adaptieren, die weder seinem Temperament noch seiner Theorie der Gesellschaft entsprachen. Seine mexikanischen Filme sind deshalb trotz aller Einschränkungen im Detail nicht das Ergebnis bloß entfremdeter Arbeit. Im Gegenteil: Sie stellen eine sinnvolle Etappe auf seinem Weg als Regisseur dar, weil sie ihn zum erstenmal gezwungen haben, den Wunsch nach authentischem persönlichem Ausdruck mit kollektiven Geschmacksmustern in Einklang zu bringen. Buñuel hat es verstanden, aus dieser kommerziellen Not eine künstlerische Tugend zu machen: *Wenn mir ein Produzent die Freiheit gibt, was mir in den Kopf kommt zu realisieren, dann fühle ich mich mit einemmal leer und ausgetrocknet. Ich brauche Mauern, die zu überwinden sind. Es kann auch anregend sein, gegen Verbote zu kämpfen; solche Situationen zwingen mich, nach Lösungen zu suchen, um die gleichen Dinge auf andere Weise zu sagen.*[99]

Nichts wäre deshalb törichter, als Buñuels mexikanische Filme an den Meisterwerken seiner ersten europäischen Phase *Un Chien andalou* oder *L'Âge d'or* messen zu wollen. In Frankreich wollte Buñuel die bestehende soziale Ordnung durch Schmähungen zum Nachgeben bringen, das bürgerliche Denken brandmarken, den bürgerlichen Zuschauer demoralisieren, seinen Überbau lächerlich machen, um am Ende den Bourgeois vielleicht zum Klassenverrat zu animieren. Buñuels surrealistische Filme erforderten ein Vorwissen, mit ihnen reagierte er auf eine kulturelle Tradition, die ihm verhaßt war.

In Mexiko hatte die Mehrzahl seiner potentiellen Zuschauer die Normen einer Elitekultur keineswegs verinnerlicht, sie waren ihnen vielmehr fremd. Es wäre deshalb zynisch gewesen, ein kulturelles Erbe zu attackieren, das den unterprivilegierten Schichten bis dahin verschlossen gewesen war. Buñuel mußte hier immer wieder auf traditionelle Erzähltechniken und Ikonographien zurückgreifen, wenn er das Publikum erreichen wollte.

Die subversive Absicht liegt bei diesen Filmen zumeist weniger offen zutage als bei seinen surrealistischen Provokationen. Inhaltsangaben bieten den Interpreten weniger Hilfe als bei anderen Filmen. Sie lesen sich so, als habe Buñuel bloß die gängigen Geschichten von Gut und Böse, Liebe und Leid, Tugend und Laster in Szene gesetzt. Die subversive Kraft seiner mexikanischen Filme erschließt sich eher in den vertrackten «Happy-Ends», die sich bei näherem Zusehen als so glücklich gar nicht erweisen, sie äußert sich zudem in der absichtsvoll kunstlosen, spröden, unpolierten Fotografie, in der Wirklichkeitstreue des Details, die trotz melodramatischer Sujets den Zuschauer immer wieder mit seinen eigenen Realitätserfahrungen konfrontieren.

Für Buñuel waren die mexikanischen Jahre mehr als eine Episode. Er hat die mexikanische Staatsbürgerschaft angenommen, hat sich in der Nähe von Mexico City ein Haus gekauft, und er ist Mexiko treu geblieben, als er schon längst keine Filme mehr in diesem Land drehte. In Spanien wohnte er während der Dreharbeiten in einem Appartement, in Frankreich im Hotel, sein Wohnort blieb die «Colonia del Valle».

Sein Sohn Juan Luis hat berichtet, wenn sein Vater Geld besessen habe, sei dies immer für exzellenten Wein, Whisky und gutes Essen ausgegeben worden. Die Ehe seiner Eltern sei vorbildlich. Er schildert seine Mutter als ausgeglichene Frau, die mit den nervösen Stimmungen ihres Gatten vorzüglich habe umgehen können. Der Vater sei zu seinen Kindern immer überaus aufmerksam gewesen und habe ihnen viel Zeit geopfert. Er habe, erzählt Juan Luis, seinen Söhnen die bestmögliche Erziehung gegeben. Ihn und seinen Bruder Rafael habe er an der Universität von Kalifornien studieren lassen. Juan Luis Buñuel, der den Beruf seines Vaters ergriffen hat, berichtet nachdrücklich, dies sei seine freie Entscheidung gewesen und nicht das Ergebnis väterlichen Drucks.

Einen Besucher hat Buñuels Wohnung an eine Mönchszelle erinnert, ein Ästhetisierung. In seiner Bücherei gebe es drei Hauptabteilungen: Pérez Galdós, einige Surrealisten und entomologische Literatur. Er berichtet uns auch, Buñuel sei passionierter Waffensammler, ohne jemals auf die Jagd gegangen zu sein. An dem sogenannten gesellschaftlichen Leben hat Buñuel in Mexiko kaum teilgenommen. Er geht kaum aus – nicht einmal ins Kino. Buñuel hat, was seine Filmfiguren verfehlen: eine harmonische Ehe und ein glückliches Familienleben. Die Irrungen und Wirrungen, die von den Helden und Antihelden seiner Filme durchlitten werden, sind nicht das Spiegelbild seines eigenen Lebens, sondern eher dessen Gegenteil.

Szene aus «El Bruto», 1952

Eine brutale, scheinheilige, ungerechte Welt

Die meisten Filme aus Buñuels mexikanischer Periode sind Plädoyers für die Veränderung der Welt: *Ich bin der Meinung, daß ein Film, außer daß er der Unterhaltung dient, immer die Idee vertreten und indirekt vermitteln muß, daß wir in einer brutalen, scheinheiligen, ungerechten Welt leben. Und gerade das tut der Film höchst selten. Ich sage nicht, daß er diese Gedanken predigen oder als These vertreten soll. Aber mit seinen Situationen und Bildern soll der Film dem Zuschauer einen solchen Eindruck mitgeben, daß er sich beim Verlassen des Kinos sagen muß, daß wir nicht in der besten aller Welten leben.*[100] Radikal sind die Filme Buñuels, weil sie dem Zuschauer die imaginären Tröstungen versagen. Seine Filme lassen nur jene Hoffnung, die aus der Wirklichkeit selbst zu begründen ist. Die Realität gilt Buñuel als die strikte Negation einer besseren Welt, und will man angesichts seiner Filme überhaupt von Utopie reden, dann kann damit nur die Negation der Negation gemeint sein. Indem er unnachgiebig bloßlegt, daß wir in einer ungerechten Welt leben, bleibt die Idee der Gerechtigkeit durch Verneinung erhalten. Im tristen Alltag gibt es keine Alternative für den Menschen. Ob er, wie in *Los Olvidados* (*Der Vergessenen*) das Gute oder das Böse will, die Geschichte treibt doch immer der Katastrophe entgegen. Mehr noch: moralische Kategorien werden dort sinnlos, wo alle Menschen unrettbar in das Unheil verstrickt sind.

Deshalb sind die Täter immer auch Opfer. Jaibo und Pedro, die Hauptfiguren von *Los Olvidados*, scheinen das Prinzip des Guten und des Bösen zu repräsentieren. Jaibo ist der Anführer einer Kinderbande in den Elendsvierteln von Mexico City, einer, der sich im Asphaltdschungel mit List, Tücke und Grausamkeit zu behaupten sucht; einer, der quält, ehe er selbst gequält werden kann; einer, der stiehlt und mordet – und doch ist er ein Mensch, in dem der Zuschauer seine eigene Angst und Einsamkeit wiedererkennen kann.

In seinen letzten Worten «Allein, allein, allein» ist das Dilemma seines Lebens enthalten, und sterbend hat er einen Traum: ein räudiger Hund läuft über ein menschenleeres Feld.

Pedro mag dem Zuschauer als positive Gegenfigur zu Jaibo erscheinen. Er leidet unter der Lieblosigkeit seiner Mutter, stemmt sich noch

«Los Olvidados». Roberto Cobo mit Estella India

«Los Olvidados», 1950

gegen den Sog des Schlechten, versucht, nicht in der Resignation des Alltags zu ertrinken. Am Ende stirbt auch er; er wird von Jaibo getötet, den er des Mordes angeklagt hat. Das Gute findet, anders als im Märchen, in einer ungerechten Welt keine Belohnung. Jaibo und Pedro, das sind zwei Seiten der gleichen Medaille. Jaibo tötet, was er selbst einmal war, und Pedro wird ein Opfer dessen, was er selbst zwangsläufig einmal geworden wäre. Aus dem Labyrinth des Lebens gibt es kein Entrinnen.

In *Los Olvidados* weist nicht einmal die Phantasie mehr den Weg in die Freiheit. Die Wirklichkeit muß sich nicht gegen das Traumbild einer Welt verteidigen, die frei sein könnte. Breton hatte dem Tagtraum solch rettende Kraft noch zugeschrieben: «Allein die Phantasie gibt mir Rechenschaft über das, was sein könnte.» In *Los Olvidados* verlängert sich die Glücklosigkeit des Lebens in den Traum. Nachdem Pedro von seiner Mutter, um deren Liebe er erfolglos kämpft, vergeblich ein Stück Fleisch erbeten hat, träumt er, seine Mutter reiche ihm einen großen blutigen Fleischbrocken, den ihr Jaibo, der sich unter dem Bett versteckt gehalten hat, entreißen will.

In keinem seiner Filme hat Buñuel seine Zweifel an der Reformierbarkeit einer kranken Gesellschaft deutlicher artikuliert. Pedro beispielsweise wird in eine Besserungsanstalt gebracht. Der Direktor dieser Anstalt ist ein aufgeklärter Mann mit liberalen Erziehungsgrundsätzen. Draußen herrscht das Mißtrauen, also vertraut er jenen, die ihm anvertraut sind. In seiner Anstalt sollen die moralischen Prinzipien einer bes-

Szene aus «El Bruto»

Buñuel bei Dreharbeiten zu dem Film «Robinson Crusoe», 1951

seren Gesellschaft vorweggenommen werden. Er gibt Pedro eine größere Summe Geldes, schickt ihn nach «draußen» mit dem Auftrag, Ziga-
retten zu kaufen, und Pedro würde ihn gewiß nicht enttäuscht haben,
käme es in einer mißratenen Welt nur darauf an, daß ein einzelner das
Gute will. Doch Jaibo lauert Pedro auf, stiehlt ihm das Geld, verbaut
ihm die Rückkehr: Die Idee der Reform zerbricht an den Widrigkeiten
des Alltags.

Buñuels Geschichtspessimismus bestimmt auch den Film *El Bruto*
(*Der Starke*). Pedro, genannt El Bruto, ist ein junger Schlachter, den
körperliche Stärke, Treue und Naivität charakterisieren, ein Mensch wie
geschaffen, um für die egoistischen Zwecke anderer ausgenutzt zu werden. Der Film beginnt im Elendsquartier einer mexikanischen Stadt.
Dort rebellieren die Bewohner, die ihre Miete nicht mehr bezahlen können. Andrés, der Grundbesitzer, beauftragt Pedro, die renitenten Bewohner einzuschüchtern. Der aber tötet den Sprecher der Mieter: nicht
aus Absicht, sondern weil er seine eigene Kraft nicht einzuschätzen
weiß. El Bruto muß fliehen und sucht Unterschlupf ausgerechnet bei
Meche, der Tochter des Erschlagenen. Nun beginnt die Wandlung Pedros. Er, ein Mensch zwischen allen sozialen Schichten, findet zu sich
selbst durch das Erlebnis der Liebe und der Unschuld dieses Mädchens,
Pedro wird zum Rebellen, tötet seinen Auftraggeber, jenen Mann, der
seine Treue mißbraucht hat. Doch am Ende wird er erschossen, und Bu-

Szene aus «Los Olvidados»

ñuel gibt keinen Hinweis darauf, daß dieses Ende in Wahrheit ein Anfang war. Ein Einsamer stirbt, seine anarchistische Auflehnung ist in die
Irre gegangen.

Buñuel war einige Jahre Mitglied der Kommunistischen Partei, doch
Filme wie *Los Olvidados* oder *El Bruto* zeigen, daß er mit der materiali-
stischen Ästhetik orthodoxer Prägung nichts gemein hat: *Der künstliche
Optimismus der jüngsten sowjetischen Filme ist so reaktionär wie die bürgerlichen Ideale Religion, Vaterland und Familie.*[101]

Ihm ist eine Kunst verdächtig, die als Wirklichkeit ausgibt, was doch
nur Wunsch ist.

Buñuel mißtraut den Prinzipien des sozialistischen Realismus, aber
auch der Wirklichkeitserfahrung der idealistischen Ästhetik. Wenn
Kunst versöhnt, anstatt die Widersprüche schonungslos bloßzulegen,
lügt sie nach Ansicht Buñuels. Für ihn kann es im Film nur einen Schein
von Harmonie geben, so daß keine seiner Kunstfiguren erfolgreich jene
Taten vollbringt, die den Menschen in ihrem wirklichen Leben aufgegeben wären. Die Filme Buñuels weisen deshalb über den Binnenraum des
Kinos hinaus, der Zuschauer soll – wie gesagt – das Lichtspieltheater in

dem Bewußtsein verlassen, eben nicht in der besten aller Welten zu leben – und daraus seine Konsequenzen ziehen.

Ganz folgerichtig gibt es in Buñuels Filmen, soweit sie in der Gegenwart spielen, kaum Figuren, in denen die Hoffnung personifiziert wäre. Zu Menschlichkeit ist nur fähig, wer sich den zivilisatorischen Normen entziehen kann. Robinson Crusoe kann Freitag in Buñuels Verfilmung des Romans von Daniel Defoe erst als gleichberechtigten Menschen akzeptieren, als er den auf der Insel völlig sinnlosen Ballast tradierter Wertvorstellungen abwirft.

Die Utopie Buñuels: Das ist die nach vorn weisende Erinnerung, die Erinnerung an einen Zustand der Welt, in dem die Gefühle der Menschen von der Zivilisation noch nicht beschädigt waren.

Die bürgerliche Moral ist für mich Unmoral, die man bekämpfen muß; diese Moral, die sich auf unsere äußerst ungerechten sozialen Institutionen wie Religion, Vaterland, Familie, Kultur gründet, überhaupt, was man so die Pfeiler der Gesellschaft nennt.[102]

Buñuel will nicht das Bestehende verbessern, sondern das ganz andere, und in dieser Maßlosigkeit des Willens zur Veränderung ist er am ehesten den Anarchisten verwandt.

Moral und Unmoral

Buñuel hat seine Ablehnung der herrschenden Gesellschaft auf die Formel gebracht, was die bürgerliche Moral für moralisch halte, sei für ihn unmoralisch. Dies Bekenntnis hat er autobiographisch begründet: *Meine Kindheit und meine Jugend standen unter den zerstörerischen Normen und Prinzipien dieser Gesellschaft; sie haben in mir ihr Erbteil hinterlassen; ein ganzes System von Verboten und Verdrängungen.*[103]

In einer Szene des Films *Susana* (*Susanna, Tochter des Lasters*) hat Buñuel die angeprangerte Verkehrung von Moral und Unmoral sinnfällig illustriert. Wir werden Zeuge eines Kusses, der eine Leidenschaft verrät, die dieser wohltemperierten Beziehung eines älteren Ehepaares auffällig fremd ist. Diese späte Leidenschaft des Großgrundbesitzers Don Guadelupe hat freilich eine junge Blondine entfacht, die der alternde Galan nicht erlangen kann. So hat dieser eheliche Kuß geradezu obszöne Züge, jenes Wort bestätigend, das scheinbar Moralische sei in Wahrheit das Unmoralische.

Die Doppelbödigkeit dieser Episode erhellt gleichermaßen die List des Luis Buñuel wie die Eigenheiten seiner kinematographischen Sehweise, die auf der Diskrepanz zwischen dem Bildinhalt und der Bildbedeutung beruht.

Die subversive Qualität von Buñuels mexikanischen Filmen erschließt sich nicht aus den Drehbüchern, die durchaus konventionelle Handlungsabläufe enthalten. So läßt sich *Susana* vordergründig als die Geschichte einer «femme fatale» lesen, die eine tugendhafte Familie in Versuchung bringt. Am Ende findet sie nach dieser schlichten Lesart ihre gerechte Strafe im Gefängnis. In *Abgründe der Leidenschaft* scheint ein Mann die Maßlosigkeit seiner unmoralischen Wünsche mit dem Leben zu büßen. In *El* findet ein pathologisch Eifersüchtiger seinen Seelenfrieden scheinbar hinter Klostermauern, und in *Das verbrecherische Leben des Archibaldo de la Cruz* scheint ein mordlüsterner Neurotiker durch die Ehe geheilt zu werden.

Susana wahrt die Spielregeln des Melodrams. Auf der einen Seite steht die Negativfigur des Vamps, auf der anderen Seite eine intakte Familie. Buñuel zeigt, wie es Susana mit ihren provinziellen Verführungskünsten gelingt, rasch die moralische Bigotterie der Männer, zuerst die

Aus «Abgründe der Leidenschaft», 1953

des Vorarbeiters, dann die des Sohns des Großgrundbesitzers und schließlich auch die des Hausherrn zu entlarven. Der ostentativ zur Schau gestellte Puritanismus hält nicht einmal der plattesten Versuchung stand. Biedersinn entpuppt sich als Lüsternheit. Dadurch wird der Zuschauer zur Identifikation mit der scheinbar so negativen Figur genötigt, beginnt er doch zu erkennen, daß deren verspielte Lasterhaftigkeit weniger tadelnswert ist als die Heuchelei der vermeintlich ehrenwerten Männer, die zudem nicht die geringste Solidarität erkennen lassen, sobald sie auf dem Feld der Sexualität zu Konkurrenten werden.

Weil nicht sein kann, was nicht sein darf, hat der Produzent von Buñuel ein «Happy-End» verlangt, und Buñuels lapidares Fazit lautet: *«Susana» wäre interessanter geworden, wenn ich einen anderen Schluß hätte machen können.*[104] Die Polizei bringt die Unruhestifterin schließlich hinter Gitter. Ein glückliches Ende? Zwar kehrt in das Leben auf der Hazienda wieder Frieden ein, doch über dessen trügerischen Charakter kann sich der Zuschauer keine Illusionen mehr hingeben. Kein Ende mit Schrecken, aber ein Schrecken ohne Ende und ein gutes Beispiel dafür, wie Buñuel den Konventionen eines Genres Genüge leistet und sie mit der List der Vernunft zugleich für seine destruktiven Zwecke nutzbar macht.

Zwischen dem Glück und den Menschen stehen in den Filmen Buñuels allemal die moralischen Konventionen einer scheinheiligen Gesellschaft mit ihren religiösen Fixierungen. Dabei interessieren ihn nicht jene, die resignieren, sondern jene, die sich auflehnen, und sei es um den Preis ihrer eigenen Zerstörung und der Zerstörung anderer. Seine Helden sind zuweilen von grauenerregender Monstrosität wie etwa jener Alejandro in der Verfilmung von Emily Brontës Roman «Wuthering Heights» (Sturmhöhen).

In den deutschen Kinos lief dieser Film unter dem Titel *Abgründe der Leidenschaft*, und die reißerische Bezeichnung ist diesem Film so unangemessen nicht. Anders als in vielen seiner mexikanischen Filme – beispielsweise in *Der Weg, der zum Himmel führt* – knüpft Buñuel hier nicht an den Alltagserfahrungen der Zuschauer an, er setzt auf ihre Neugier für unerhörte Begebenheiten. Den Roman hatte Buñuel schon Anfang der dreißiger Jahre verfilmen wollen: *Die Surrealisten fanden das Buch großartig ... sie schätzten daran die Auffassung des «amour fou», der Liebe über alles.*[105] Buñuel, der diesen Film zu Unrecht für eine zweitrangige Arbeit hält, betont, er habe bei der Realisierung nicht nach neuen Wegen gesucht. *Der Film ist so geworden, wie ich ihn mir im Jahre 1930 vorgestellt hatte. Es ist also ein 24 Jahre alter Film.*[106] Dies ungerechte Urteil ist insofern verständlich, als Buñuel in diesem Film nicht mit den herrschenden Publikumserwartungen bricht, sondern sie raffiniert ins Kalkül zieht. Die surrealistische Tradition verrät sich vor allem in der Identität der Feindbilder: Familie, Religion, Moral.

Buñuel hat die umständliche Exposition des Romans ausgespart und auf den besänftigenden Schluß verzichtet. Der Film beginnt mit einer Natursymbolik, die, gemessen an einem elitären Kunstbegriff, trivial zu nennen ist und die doch einem wesentlichen Prinzip des Films Rechnung trägt: der universellen, von Sprach- und Bildungsbarrieren unabhängigen Verständlichkeit.

Es blitzt, donnert, stürmt, kahle Äste ragen ins Bild, niemals erscheint die Natur im Sonntagsstaat. Das infernalische Toben der Natur verheißt Diabolisches, und Luziferisches steht denn auch ins Haus: einer, der sich holen will, was ihm zehn Jahre zuvor genommen wurde. Doch die Suche nach dem verlorenen Paradies geht in die Irre. Zu unermeßlich ist die Glücksvision des Alejandro, als daß ihr Catilina, die Geliebte von einst, noch entsprechen könnte. Noch immer genügt zwar ein kurzer Blick, um die fortwährende Liebe zu signalisieren, aber die Frau fühlt sich gebunden an die guten Sitten, an das, was als schicklich gilt; und als ihr einmal vorgehalten wird, dies alles dürfe in der Liebe doch keine Rolle spielen, sagt sie nur: «Du romantischer Dummkopf.» Sie gibt sich auf, überlebt die Geburt ihres Kindes nicht, und ihr Tod erscheint wie eine unbewußte Flucht vor der Tristesse dieser Welt. Im Tode erst wird diese Liebe wirklich. Im Tosen des Sturms öffnet Alejandro

Aus «Der Weg, der zum Himmel führt»

die Gruft, küßt den Leichenmund und wird erschossen. «Diese vollendete Hingabe erscheint in einer Gesellschaft, in der das Gegeneinander der Interessen das ‹principium individuationis› ist, rein nur im Tode. Denn nur der Tod beseitigt alle jene äußerlichen, eine dauernde Solidarität zerstörenden Bedingtheiten, mit denen die Individuen zu kämpfen haben und sich dabei aufreiben. Er erscheint nicht mehr als das Aufhören des Daseins im Nichts, vielmehr als die einzig mögliche Vollendung der Liebe und so gerade als ihr tiefster Sinn.»[107] In der Nekrophilie ist, wie verbogen auch immer, die «promesse du bonheur» noch aufgehoben. Im Wahnsinn des Alejandro werden die unverstellten Gefühle der Menschen zum Sprechen gebracht, hier leidet einer und macht leiden, und jene pathetische Apotheose einer unglücklichen Liebe, Wagners «Tristan und Isolde», eine Musik, die dem Film unterlegt ist, verklärt und kritisiert zugleich das menschliche Elend. Von der Beziehung zwischen Wahnsinn und Gesellschaft hat Buñuel auch in späteren Jahren eine surrealistische Vorstellung. Nicht der Wahnsinnige ist krank, sagen seine Filme, sondern die Gesellschaft, in der er lebt.

Ein Beispiel liefert Francisco in *El*, den jenes Verhängnis ausgerechnet in der Kirche ereilt. Dort, während der Fußwaschung am Gründonnerstag, sieht er, ein «jungfräulicher» Endvierziger von fast schon archaischen Reinheitsvorstellungen, Gloria – die Kamera schwenkt von ei-

«Das verbrecherische Leben des Archibaldo de la Cruz», 1955

nem die Füße eines Knaben inbrünstig küssenden Priester auf die wohl-
geformten Beine dieser Frau. Auf dem Glockenturm steigert sich der
Eifersuchtswahn dieses Mannes zur Mordlust, und in der Kirche schließlich überfällt ihn vollends die Paranoia, werden ihm die Gesichter der
Betenden zu höhnisch lachenden Larven, dringt er, in dumpfer, um-
nachteter Ahnung von dem eigentlichen Urheber seiner Qualen, auf den
Priester ein, um ihn zu töten. Am Ende befreit ihn von dem Elend dieser
Welt, nimmt ihn hinter die Abgeschiedenheit der Klostermauern. Als
Bruder Francisco glaubt er vergessen und bewältigt zu haben. Doch im
letzten Bild geht er in jenem merkwürdigen Zick-Zack-Kurs davon, in
dem er Jahre zuvor im Zustand tiefster geistiger Verwirrung eine Treppe
hinaufgegangen war: die Geschichte als Kreisbewegung. Ein präziser,
unzweideutiger Schluß und damit von einer didaktischen Klarheit, die
Buñuels künstlerischem Selbstverständnis nicht entspricht. Er wiegelt
denn auch sofort ab. Gefragt, was es bedeute, wenn der Mönch zum
Schluß so beziehungsreich davongehe, antwortete er: *Nichts. Es bringt*

mich zum Lachen, ihn so im Zick-Zack-Kurs davongehen zu sehen. Es soll nichts Bestimmtes bedeuten, aber es machte mir Spaß.[108]

Die Visionen des Francisco sind gewiß nicht kämpferisch gegen das Bestehende gerichtet. Er verfällt nicht dem Wahn, weil er sich nicht anpassen kann, sondern weil er den herrschenden Moralkodex zu wörtlich nimmt, die Kluft zwischen Sein und Schein nicht mehr erkennen kann. Seine Triebregungen sind vollkommen verinnerlicht, nicht Ausgangspunkt einer anarchistischen Revolte wie bei Modot oder Alejandro.

Ein Rebell ist auch Archibalo de la Cruz nicht, aber er instrumentalisiert seine Neurosen auf eine höchst eigenartige Weise für seinen privaten Lustgewinn. Als Kind ist ihm eine Spieldose geschenkt worden, von der es hieß, sie habe magische Kräfte, Menschen zu töten. Das Kind wünscht der Gouvernante den Tod, und wie im Märchen fällt diese auch sofort tot um. Jahre später entdeckt Archibaldo diese Dose in einem Antiquitätenladen. Es erwacht in ihm der Wiederholungszwang. Doch *Das verbrecherische Leben des Archibaldo de la Cruz* ist eine schwarze Komödie, mit der Buñuel zum erstenmal seine vielfältigen Talente auf dem Felde des schwarzen Humors unter Beweis stellt. So sterben die vorgesehenen Opfer allesamt vorzeitig. Eine Nonne, die noch eben mit inbrünstiger Stimme bekannt hat, wie gerne sie zu Gott käme, läuft, als Archibaldo ihr diesen Wunsch mittels eines Messers erfüllen will, schreiend davon und fällt in einen Aufzugsschacht. Einer Dame von zweifelhaftem Ruf wird von einem anderen Mann die Kehle durchgeschnitten, ein Mädchen, das Archibaldo heiraten und in der Hochzeitsnacht umbringen will, fällt einem anderen Mord zum Opfer, und schließlich entgeht auch Lavinia, eine erotisch-aggressive Fremdenführerin, dem ihr zugedachten Tod im Feuerofen. Immerhin kann Archibaldo an ihrer Stelle eine Puppe verbrennen, und diese Ersatzhinrichtung verfehlt ihre Wirkung nicht. Archibaldo, der erkennen muß, daß es in dieser schlechten Welt nicht einfach ist, Schlechtes zu tun, wird als geheilt in die Ehe mit Lavinia entlassen. Die doppeldeutige letzte Szene, konnte Buñuel mit Recht erklären, *wurde weder vom Produzenten noch vom Zensor verlangt ... Das willkürliche Ende war meine eigene Idee. Es ist ein «Scherzo».*[109]

Susanna, Tochter des Lasters, *Er*, *Abgründe der Leidenschaft* und *Das verbrecherische Leben des Archibaldo de la Cruz* sind Filme, deren Historizität nicht zu übersehen ist. Ihre subversive Kraft nährt sich aus der Verletzung von Tabus, die heute ihre Kraft meist schon eingebüßt haben. Dies aber macht ihre besondere Qualität aus. Sie sind nicht zeitlos, sondern optische Urkunden ihrer Zeit.

Trilogie der Revolution

Buñuels mexikanische Jahre waren bestimmt von einem Zweikampf zwischen den Bedürfnissen einer Industrie des Schönen nach standardisierter, risikoloser und gewinnträchtiger Befriedigung von Publikumserwartungen und dem Behauptungswillen eines Regisseurs, der sich diesem nivellierenden Sog immer wieder zu entziehen suchte. Am Ende hatte er einen scheinbar so ungeeigneten Apparat wie die mexikanische Filmindustrie für seine subversiven Zwecke und den Ausdruck künstlerischer Individualität nutzen können. Innerhalb kürzester Zeit war Buñuel nicht irgendein guter, sondern der beste in Mexiko arbeitende Regisseur geworden. So war es kein Zufall, daß er Mitte der fünfziger Jahre wieder Regieangebote aus Frankreich erhielt. Er war jetzt ein Filmregisseur von internationaler Reputation. In Frankreich fand Buñuel großzügigere Arbeitsbedingungen vor: bessere Schauspieler, höhere Budgets und eine größere Freiheit bei der Wahl der Sujets.

In Mexiko war die Revolte die Konsequenz seiner Filme, nun wird sie zu deren Thema. In drei Filmen *Cela s'appelle l'aurore* (*Morgenröte*), *La Mort en ce jardín* (*Der Tod in diesem Garten*) und *La fièvre monte à El Pao* (*Das Fieber steigt in El Pao*) behandelt Buñuel die Möglichkeiten und Grenzen einer Revolution in Diktaturen. Die Anspielungen auf Francos Spanien und die Verhältnisse in vielen lateinamerikanischen Ländern brauchen nicht mühsam gesucht zu werden. Es ist kein Zufall, daß Buñuel diese Stoffe gerade in Frankreich und nicht in Mexiko realisieren konnte. In Mexiko war die Revolution eine der Realität immanente Möglichkeit, in Frankreich eine Möglichkeit der Kunst. In Europa vermitteln diese Filme Buñuels jenes folgenlose Kinoerlebnis, das Operettenrevolutionen nun einmal eigen ist, in Mexiko wurden *Morgenröte* und *Der Tod in diesem Garten* gar nicht erst gezeigt.

Diese Filme beurteilen die Interpreten in seltener Uneinigkeit. Während die einen den direkten Zugang zur sozialen und politischen Realität, die historische Perspektive und die unmißverständliche Parteinahme des Regisseurs loben, ist jenen, die vor allem nach der Kontinuität surrealistischer Vorstellungen in Buñuels Œuvre suchen, diese Trilogie zu unpoetisch, zu wenig verrätselt, allzu ausdeutbar.

Tatsächlich präzisieren diese Filme, was Buñuel meinte, als er davon

«Morgenröte», 1955

«Der Tod in diesem Garten», 1956

sprach, er brauche Mauern, die er einreißen könne. Hier vermißt man das listige Spiel mit den Konventionen, das Aufrauhen der Kinowirklichkeit durch irritierende Details, durch Bilder, die für den Betrachter noch Überraschungen in sich bergen. Statt dessen folgen sie zu oft einer Klischeedramaturgie.

Der Film *Morgenröte* basiert auf einem Roman von Emmanuel Roblès. Ursprünglich hatte Jean Genet das Drehbuch schreiben sollen, es jedoch nicht abgeliefert, obwohl er dafür ein Honorar bekommen hatte. So mußte Buñuel das Buch, gemeinsam mit Jean Ferry, selbst verfassen.

Morgenröte spielt in der Bel Etage und im Souterrain einer Inselgesellschaft vor der Mittelmeerküste Frankreichs. Oben übt sich die feine Gesellschaft in der aufreizenden Kunst des Müßiggangs auf Kosten anderer, und unten bezahlen die Armen die Zeche.

Als negative Hauptfigur sieht man ein nicht eben facettenreich gezeichnetes Monstrum, einen Fabrikbesitzer, den die Unfälle seiner Arbeiter so wenig kümmern wie deren Sorge ums nackte Überleben. Wie im Märchen findet auch der Bösewicht dieser politischen Parabel seine gerechte Strafe: Der Arbeiter Sandro erschießt ihn, der wie so viele abstoßende Charaktere in Buñuels Filmen ein guter Christ und Familienvater ist. Sandro muß fliehen, wird verfolgt von einem Polizeichef, dessen bigotte Gebrochenheit Buñuel in einer Szene deutlich zu machen sucht, in der Handschellen auf des Polizisten Lieblingslektüre liegen: auf einem Buch von Claudel. Versteckt, wenn auch ohne Erfolg, wird Sandro von Valerio, einem der wenigen positiven Helden in den Filmen Buñuels. Valerio eröffnet nicht, wie es seine kränkelnde Frau will, eine vornehme Praxis in Nizza, sondern wird ein Arzt der Armen, und im letzten Bild sieht man ihn mit Clara, einer Frau, mit der er das Gefühl und die politische Überzeugung teilt, der «Morgenröte» entgegen laufen. «Wie nennt man das», heißt es in Giraudoux' «Elektre», auf das der Titel des Films anspielt, «wenn der Tag aufgeht wie heute und alles verdorben und vernichtet ist und überall der Himmel hereinschaut?»[110] Und eine Bettlerin antwortet: «Das heißt Morgenröte.»[111]

Bei Giraudoux allerdings hat diese Morgenröte sehr ambivalente Züge. Um den Preis des Untergangs von Argos verwirklicht Elektra ihre Vision von Gerechtigkeit. Giraudoux schildert die destruktive Kraft einer reinen Seele. In Buñuels Roblès-Adaption ist von solcher Dialektik nichts zu spüren. Aus einer melodramatischen Idee von Liebe nährt sich mühsam der soziale Optimismus. Erst anläßlich von *Nazarin* wird auch Buñuel sagen, der absolut Reine sei unweigerlich zum Scheitern verurteilt.

Das Fieber steigt in El Pao fügt sich schon eher in Buñuels Weltbild. Ramón Vásquez (Gérard Philippe in seiner letzten Rolle) ist ein Idealist, der glaubt, man könne einen Pakt mit dem Teufel schließen. Er will dem Unmenschlichen eine Spur von Menschlichkeit abtrotzen, will ge-

Von Geld ist die Rede, von wem noch?

Aus Silber ...

… läßt sich allerlei Erfreuliches herstellen. Doch was dieser Mann daraus machte, stellt vieles in den Schatten. Hunderte von Millionen Menschen erfreuen sich noch heute an seiner Erfindung, Hunderttausende verdienen ihr Geld damit.

Der Mann wurde 1789 geboren. Er war Zollbeamter, später Bühnenbildner und Szenenmaler für die Oper in Paris. Seinen ersten großen Erfolg hatte er mit der Erfindung des Diorama, einer Ausstellung von durchscheinend gemalten Szenerien, die mit natürlichen Gegenständen verbunden waren und durch wechselndes Licht dreidimensional belebt wirkten. Die Einnahmen waren so groß, daß er bald ein zweites Diorama eröffnen konnte, in London. Es brannte am 3. März 1839 völlig ab.

Dieser Verlust wurde mehr als wettgemacht durch eine andere Erfindung, die er zwei Monate zuvor, am 9. Januar, der Akademie der Wissenschaften vorgestellt hatte. Jahrelang hatte er daran experimentiert, zusammen mit einem Freund. Silber, genauer Silberjodid, spielte dabei eine Hauptrolle.

Die Bedeutung der Erfindung wurde sofort erkannt. Die französische Regierung kaufte alsbald die Rechte und stellte das Verfahren der Weltöffentlichkeit zur Verfügung – zum Vergnügen der Menschen bis heute.

Der Erfinder selbst, zum Offizier der Ehrenlegion ernannt, erhielt vom Staat eine lebenslange Jahresrente von 6000 Francs. Mit seiner Erfindung wurden seither Milliarden verdient. Von wem war die Rede?

(Alphabetische Lösung: 4-1-7-21-5-18-18-5)

recht sein in einer ungerechten Welt, will sich mit dem Bösen verbünden, um Gutes tun zu können. Er scheitert. Nicht er ändert die Verhältnisse, sondern die Verhältnisse ändern ihn: Eine brutale und ungerechte Gesellschaft, diese Schlußfolgerung legt Buñuel einmal mehr dem Zuschauer nahe, ist nicht von innen her zu reformieren.

Buñuel selbst hat diesen Film sehr kritisch beurteilt: *Bei «La Fièvre monte à El Pao» arbeiteten wir* (Buñuel und Gérard Philippe) *monatelang am Scenario; aber es kommt nicht darauf an, wie lange man arbeitet, wenn überhaupt nichts darinsteckt ... Ich lehne die Verantwortung für diesen Film nicht ab, wir waren eben beide schwach. Es gab gewisse politische und soziale Elemente, die mir in der Story gefielen, aber sie verloren sich im Melodram.*[112]

Der Abenteuerfilm *Pesthauch des Dschungels*, in der Chronologie der zweite Film dieser lockeren Trilogie, bewahrt noch am meisten von der Subjektivität und Besonderheit des Regisseurs. Buñuel greift hier eine Kirche an, die in ihren Dogmen erstarrt ist und sich mit den Mächtigen verbündet hat. Fünf Menschen – Chark, ein anarchistischer Abenteurer, Dijin, die Hure, Maria, ein taubstummes, unschuldiges Mädchen, Castin, ein alter Diamantensucher, und Pater Lizzardi – fliehen nach dem blutigen Scheitern eines Aufstands durch den Dschungel.

In einer langen Einleitungspassage zeigt Buñuel die Figuren in ihrem Alltag. Dann werden sie allesamt durch den lebensbedrohenden Marsch verändert, sie verlieren die Möglichkeit, sich hinter Masken zu verstecken. Das Interesse Buñuels gilt vor allem dem Priester. Zuerst erlebt man ihn als einen Mann, der sich vor der Erkenntnis menschlichen Leids und sozialen Unrechts in einen buchstabengetreuen Glauben flüchtet. «Wer das Schwert hebt, wird durch das Schwert umkommen», mahnt er die um ihr Geld betrogenen Diamantenschürfer; «Gedenke deiner Seele» einen Verwundeten, der in seiner Gefängniszelle elend dahinvegetiert; und, kaum gerührt, fährt er in seinem Gottesdienst fort, als man einen Gefangenen brutal durch die Kirche zerrt. Lizzardi ist kein durchweg schlechter Charakter, sondern ein Mensch, dem die Blindheit unmenschliche Züge gibt. Erst als auch er die Bedrohung seines Lebens spürt, reagiert er nicht mehr inhuman, sondern er hilft: nicht durch schlechten Trost, sondern durch Taten. Eine Szene, in der Lizzardi die ersten Seiten seiner Bibel für das Anzünden eines Feuers opfert, zeigt, daß er begriffen hat: Der Kampf um ein menschenwürdiges Dasein ist wichtiger als der Kampf um die Seelen. Man muß, sagt Buñuel, *Gott im Menschen suchen*[113].

Gott im Menschen suchen

Ich glaube ... daß in allen meinen Filmen ein tiefreligiöses Gefühl vorhanden ist. Das ist auch nicht verwunderlich. Denn wie ich ... schon sagte, ist mein Leben am meisten beeinflußt worden durch meine katholische Erziehung in der Kindheit und später durch meine Erfahrungen mit dem Surrealismus. Alles, was ich mache, muß von diesen beiden Tendenzen, diesen beiden Geistesrichtungen, beeinflußt sein, so daß alle meine Filme tatsächlich von religiösen Themen wie besessen scheinen. Im Laufe meiner Erfahrungen mit dem Surrealismus trennte ich mich jedoch von den religiösen Anschauungen. Aber meine Kindheitserinnerungen kann ich nicht beeinflussen. Ich kann mein Gefühl für das Religiöse nicht einfach beiseite schieben. Ich befinde mich in einem Konflikt zwischen der Anziehung, die religiöse Probleme auf mich ausüben, und meinem Gewissen, meiner Vernunft, die mir das Gegenteil sagen. Daher findet man in allen meinen Filmen irgend etwas Religiöses. Aber antiklerikal bin ich nicht, auch nicht antireligiös. Ich nehme mir niemals vor, zu bekämpfen oder auf die antiklerikale Seite hinüberzuwechseln oder gar den Atheismus zu fördern. Ich beschränke mich darauf, aufrichtig mit mir selbst zu sein und das auszudrücken, was ich fühle.[114]

Selbst in den rüdesten Blasphemien ahnt der Zuschauer noch etwas von jener Faszination, die für Buñuel vom Religiösen ausgeht, spürt er, daß die Religion für Buñuel mehr ist als tote Geschichte; deshalb läßt ihn das Thema nicht los, so als wolle er sich immer wieder von der suggestiven Kraft des Glaubens befreien. Dabei ist Buñuel am entschiedensten dort, wo er die Religion für die Unterdrückung der Sexualität haftbar macht: *Vielleicht wird aber eines Tages, wenn der Mensch keine Religion mehr hat, die Liebe viel einfacher sein als jetzt.*[115] Die Filme werden offener, unentschiedener, sobald Buñuel nicht mehr die Institution Kirche, sondern den um die Verwirklichung seines Glaubens kämpfenden Menschen ins Zentrum rückt. Ihn nimmt Buñuel ernst, auch und gerade in seinem Scheitern.

Seine Zweifel hat Buñuel einmal in eine sehr einprägsame Paradoxie gefaßt: *Gott sei dank, ich bin noch immer Atheist.*[116]

Er hatte Grund, dies zu versichern. Sein Film *Nazarin* war bei den Filmfestspielen in Cannes nicht nur mit dem Spezialpreis der Jury bedacht worden, sondern hätte beinahe auch die Auszeichnung des Katholischen Filmbüros erhalten, und nicht wenige Interpreten dieses Films vermuteten, jetzt sei Buñuel wenn nicht in den Schoß der Kirche, so doch zum Glauben zurückgekehrt.

Man hat die Figur des Pater Nazario gelegentlich mit Don Quijote verglichen. Daran ist so viel richtig, daß beide sich beharrlich weigern, die Antinomie von Schein und Sein, von Symbol und Wirklichkeit zur Kenntnis zu nehmen. Don Quijote will die Ideale des Ritterromans verwirklichen, Pater Nazario die der Bibel. Für beide ist das Einlösen hoher Ideale mit schmerzhaften Konflikten verbunden, doch Don Quijote will aus dem Geist des pikaresken Romans heraus Frieden, Gerechtigkeit

Szene aus «Nazarin», 1958

Bei Dreharbeiten zu «Viridiana», 1961

und Liebe erneuern, er dichtet die Wirklichkeit entschlossen um, ist ganz eingesponnen in seine Phantasie und dadurch auf närrische Weise sehend, während Pater Nazario zuzeiten einfach nur blind ist.

Die Verwechslung von Schein und Sein war von jeher Stoff der Komödie, der Farce oder Satire. Dem selbstauferlegten Leidensweg des Pater Nazario fehlen komische Züge. Buñuel betrachtet den Versuch dieses Priesters, die Lehren der Bibel als wörtliche Handlungsanweisung zu nehmen, zuerst einmal mit Sympathie. Was will Nazario? Er will, daß Gott Teil der menschlichen Geschichte wird, will ein prometheisches Christentum, eines, das den Glauben durch moralisches, humanes und soziales Leben verwirklicht.

Einmal sieht sich Nazario im Wahn in Golgatha, und wie Christus in der Passion will er das Leiden anderer freiwillig auf sich nehmen, und wo er es den Menschen nicht nehmen kann, will er es wenigstens teilen. Nazario ist ein Armenpriester im Sinne des Wortes; entschiedener, als er es tut, kann christliches Verhalten nicht vorgelebt werden. Dennoch scheitert er. Den Grund dafür hat Buñuel in einer brillanten Szene veranschaulicht: Nazario bietet seine Arbeitskraft an, um Essen zu bekommen, und diese extreme Anspruchslosigkeit führt ganz notwendig zu

Konflikten mit den anderen Arbeitern, die ihren Lohn gedrückt sehen und sich eine derartige Bescheidenheit nicht leisten können.

Je mehr sich Nazario den Armen zu nähern glaubt, desto weiter entfernt er sich von ihnen. Christliche Caritas und irdische Liebe geraten in Widerspruch: Nazario sieht die Welt nicht, wie sie ist, sondern wie sie sein sollte. Damit formuliert er zwar einen utopischen Anspruch, verfehlt zugleich aber die konkreten Menschen. Am Ende wird er in ein Gefängnis gebracht. Unterwegs auf der Landstraße begegnet er einer Frau, die ihm als Geste des Mitleidens eine Ananasfrucht anbietet, und er nimmt diese Gabe nach langem Zögern an, weil sie dem Menschen Nazario gilt. Hat er begriffen, daß man Gott im Menschen suchen muß? Oder ist dieser Sinn für das Wirkliche in surrealistischer Tradition eher als Niederlage zu werten? *Die Person Nazarios liebe ich sehr. Er ist ein Priester. Ja, und? Er hätte genausogut Friseur oder Kellner sein können. Was mich an ihm interessiert ist die Tatsache, daß er an seinen Ideen festhält, daß diese Ideen für die Gesellschaft unannehmbar sind und daß sie ihn nach seinen Abenteuern mit Prostituierten, Dieben etc. dahin bringen, wo er von den Mächten der Ordnung verurteilt wird.*[117] Und auf die Analogie zur Passionsgeschichte anspielend: *Wenn Christus wiederkehrte, würde man ihn erneut kreuzigen. Man kann relativ christlich sein, aber der absolut Reine, der Unschuldige ist zum Scheitern verurteilt. Er ist von vornherein geschlagen. Ich bin sicher, daß bei Christus' Wiederkehr die Hohepriester, die Kirche ihn verurteilen würden.*[118] Und Buñuel setzt hinzu: *Was das religiöse Problem angeht, so bin ich überzeugt, daß der*

Das Abendmahl in «Viridiana»

Eine der fetischistischen Szenen aus «Viridiana» (Hauptdarsteller Fernando Rey)

Christ im reinen, absoluten Sinn auf Erden nichts zu suchen hat … weil es keinen anderen Weg gibt als den der Rebellion in dieser so mißlungenen Welt.[119]

Ein Jahr später tat Buñuel etwas, das bei oberflächlicher Betrachtung leicht als das Gegenteil einer Rebellion scheinen mochte: Er ging nach fünfundzwanzigjährigem Exil wieder nach Spanien zurück. Pablo Picasso und Pablo Casals waren für die spanische Opposition so etwas wie die Kronzeugen ihres Protests gewesen. Nun kam Buñuel zurück, obwohl die Herrschaft Francos und die Zeit der Diktatur keineswegs zu Ende war. Warum?

Jüngere spanische Regisseure, darunter Carlos Saura, hatten Buñuel 1960 während des Filmfestivals von Cannes gebeten, sein Prestige für eine nationale spanische Filmproduktion einzusetzen, und Buñuel räumte auch ein: *Ich weiß, daß ich als guter Patriot nach Spanien zurückkehren und helfen müßte*[120], doch er setzte resignierend hinzu: *Aber vielleicht bin ich kein guter Patriot, ich bin müde und zu alt, um irgendwo anders wieder anzufangen.*[121]

Die Bedenken hielten nicht lange vor. Schon bald entschloß er sich, den Film *Viridiana* nicht als rein mexikanische Produktion, sondern unter Beteiligung eines spanischen Produzenten zu drehen.

Welch Danaergeschenk Buñuel mitgebracht hatte, deutet sich in dem hintersinnigen Hinweis an, dieser Film könne vielleicht als weißer Film durchgehen, obwohl er voll dunkler Absichten stecke. Tatsächlich ließ der Zensor, da sich die subversive Wirkung von Buñuel vorzugsweise in den Bildern entfaltet, das Drehbuch passieren.

Im Februar 1961 begannen die Dreharbeiten: *«Viridiana» setzt meine Tradition seit «L'Âge d'or» fort, und es sind dies – mit einem Abstand von dreißig Jahren – die beiden Filme, die ich in größter Freiheit realisieren konnte ... Allerdings habe ich Konzessionen immer abgelehnt und die Prinzipien, die ich vertrat, immer verteidigt. Ich bin nach Spanien gekommen, weil es meine Heimat ist und weil ich dort in völliger Freiheit arbeiten konnte.*[122]

Der Film hatte ein Budget von fünf Millionen Peseten. Dies war nicht wenig, aber doch ärmlich im Vergleich zu jenen 480 Millionen Peseten, die Nicholas Ray zur gleichen Zeit zur Verfügung standen, als er ebenfalls in Spanien den Monsterfilm «King of Kings» drehte. «Wie viele gute Filme», fragte man Buñuel, «könnten Sie machen, wenn Sie diese Millionen von Nicholas Ray hätten», und Buñuel antwortete: *Wenn ich all das Geld hätte, würde ich Franco aus Spanien herauswerfen.*[123]

Viridiana nimmt noch einmal das Thema von *Nazarin* auf: den Anachronismus der Unschuld. In einer miserablen Welt lindert die Caritas nicht das Los der Elenden, sie schafft nur den Mildtätigen ein gutes Gewissen: *«Viridiana» ist eine wenig bekannte Heilige aus der Zeit des heiligen Franz von Assisi, deren Name mich schon seit langem fasziniert hatte. In Mexiko habe ich die Geschichte des Films erdacht, der aus einem einzigen Bild entstanden ist. So ist es jedesmal – das gesamte Werk sprudelt dann hervor wie eine Quelle.*[124] Und befragt, was dies für ein Bild sei, sagt Buñuel: *Eine junge Frau, die von einem alten Mann «betäubt» wurde: sie befindet sich also in der Gewalt eines Menschen, der sie unter anderen Umständen niemals hätte in seine Arme nehmen können. Ich fand, daß diese Frau unverdorben sein sollte und habe aus ihr eine Novizin gemacht. Die Idee mit den Bettlern ist später gekommen, weil ich es natürlich fand, daß sie von einer ehemaligen Nonne auf ihr Gut aufgenommen wurden. Dann habe ich mir gesagt, daß ich die Bettler gern im Speisezimmer des Herrenhauses an der großen Tafel mit gesticktem Tischtuch und Kerzen essen sehen würde. Dann formte sich plötzlich der Gedanke, daß sie das Arrangement eines Gemäldes einnehmen könnten, und ich habe mir das «Abendmahl» Leonardo da Vincis in Erinnerung gerufen. Schließlich habe ich das Hallelujah aus Händels «Messias» mit der Orgie und dem Tanz der Bettler assoziiert, was um so frappierender wirkte, als die Szene mit einem Rock'n'Roll-Rhythmus unterlegt wurde. Dieser Ef-*

fekt gefiel mir. Ebenso hatte ich das Verlangen, das «Requiem» von Mozart in den Augenblick der Liebesszene zwischen dem Alten und der jungen Frau zu legen und dem sanften Gebet des Angelus die Tätigkeit der Arbeiter gegenüberzustellen.[125]

Buñuel hat, seine bisherigen Filme gleichsam noch einmal bündelnd, die schädlichen Folgen eines sexualitätsfeindlichen, katholischen Moralbegriffs illustriert, der Frustrationen und pathologische Persönlichkeitsstrukturen sowie Selbstmord und totales Scheitern gegenüber der realen Welt zur Folge hat. Allgemeine Zustimmung konnte er für diese Handlungsführung schwerlich erwarten. Reaktionen, die Betroffenheit verrieten, ließen deshalb nicht lange auf sich warten. Zu den Bildern, die Buñuel besonders zum Vorwurf gemacht wurden, gehörte *die brennende Dornenkrone, obwohl Verbrennen doch noch nicht Profanieren bedeutet. Man hat mich kritisiert, weil ich ein Taschenmesser in Form eines Kreuzes gezeigt habe. Man findet sie überall in Spanien, und ich habe viele in Albacete gesehen. Nicht ich habe den Christus als Schnappmesser erfunden. Nur die Fotografie läßt die Bosheit und den surrealistischen Charakter eines unbedacht und serienweise fabrizierten Objekts hervortreten. Man wirft mir auch meine Grausamkeit vor. Wo ist sie im Film? Die Novizin beweist ihre Menschlichkeit; der Alte – eine komplizierte Figur – ist fähig zur Güte gegenüber den Menschen und gegenüber der Biene, die er ohne Zögern rettet. Sein Sohn flößt auch eher Sympathie ein. Und die Bettler – von einem in Spanien klassischen Typus – können ihre Roheit ohne Grausamkeit an den Tag legen. Nur der Blinde ist mißtrauisch, heuchlerisch, boshaft, wie alle, die ein ähnliches Gebrechen haben. Aus diesem Grund haben meine Bilder immer Anwandlungen der Bösartigkeit. In einer ersten Version habe ich mir den Sohn des Alten als Zwerg vorgestellt. Da ich jedoch wußte, daß man sagen würde «typisch Buñuel», habe ich auf diese Idee verzichtet. Ich versuche möglichst meine eigenen Allgemeinplätze zu meiden.*[126]

Doch auch so fehlt es an surrealen Irritationen nicht. Don Jaime, das Brautkleid seiner Frau fetischisierend, die in der Hochzeitsnacht starb; Viridiana, die schlafwandelnd Asche auf das Bett ihres Onkels streut, der sich tags darauf erhängt; ein Kind, das mit dem Seil spielt, mit dem eben dieser Onkel sich getötet hat, obwohl man ihm sagt, daß dieser mangelnde Respekt vor den Toten nur Unglück bringe; und am Ende benutzt ein Bettler wieder jenes obskure Seil, als er Viridiana vergewaltigen will. Der Film ist voller merkwürdiger Details und Wendungen.

Eine der eigenartigsten hat der Zensor unfreiwillig beigesteuert. Buñuel hatte ursprünglich die Absicht, Viridianas Abkehr von den christlichen Idealen dadurch zu demonstrieren, daß er sie in eindeutiger Absicht in das Zimmer von Jorge, dem Miterben des Gutes, schicken wollte. Doch dieses unzweideutige Ende gefiel der Zensurbehörde nicht. So änderte Buñuel den Schluß. Nun betritt Viridiana den Raum, in dem

Silvia Pinal als Viridiana

Jorge mit seiner Geliebten Karten spielt, und schließt sich dem Spiel an: ein subtiles, ironisches und geheimnisvolles Ende, das sich bruchlos in Buñuels Ästhetik fügt, so daß er denn auch nicht zögerte, den Zensor zu loben: *Es war ein wundervolles Ende, viel besser als das krude im Original.*[127]

Die besondere Qualität von *Viridiana* liegt in Buñuels Weigerung, die Armen sentimental zu romantisieren. Sie sind bösartig und verschlagen, doch sie sind nach Buñuels Überzeugung schlecht, weil sie arm sind, nicht etwa arm, weil sie schlecht sind. Wie in Brechts «Die heilige Johanna der Schlachthöfe» ist auch hier dem Elend nicht mit Suppen, Gesängen und frommen Reden beizukommen. Johanna ruft am Ende: «Es hilft nur Gewalt, wo Gewalt herrscht»[128], Viridiana dagegen arrangiert sich, Buñuel sagt, es gebe keinen anderen Weg als den der Rebellion in dieser mißlungenen Welt, seine Figuren aber schweigen vom Zukünftigen. Sie lernen aus ihren Irrtümern, aber nie so viel, daß es dem Zuschauer erspart bliebe, die wesentlichsten Schlußfolgerungen selbst zu ziehen. Er sei kein Prediger und der Film keine Kanzel, hat Buñuel einmal gesagt, und mit fast manischer Konsequenz hat er sich in seinem ganzen Œuvre daran gehalten.

Gibt es Hoffnung? In *Viridiana* kauft Jorge einen Hund, der so kurz an einen Wagen angebunden war, daß er fast zu Tode geschleift wurde. Während sich der Zuschauer angesichts solcher Liebe zur Kreatur über das Elend hinwegtrösten mag, zeigt Buñuel einen anderen Wagen, an dem ein anderer Hund genauso angekettet ist. Die Humanität eines einzelnen, so Buñuel, ist wie der sprichwörtliche Tropfen auf den heißen Stein.

Buñuels Schwester erzählt eine Episode, die viel von seiner Persönlichkeit verrät: «Man kann in *Viridiana* auf einer langen Strecke einen armen Hund sehen, der ganz kurz an einen Karren angebunden ist. Als Luis Ideen für seinen Film suchte, litt er jedesmal bei einer derartigen Szene und suchte sie zu hindern; aber diese Sitte ist bei den spanischen Bauern so eingebürgert, daß man gegen Windmühlenflügel kämpft. Während der Dreharbeiten mußte ich auf seine Anweisung für die Hunde ein Kilo Fleisch kaufen; davon bekamen auch die Hunde, die vorbeikamen.»[129] Buñuel zeigte also gerade jenes Mitleid für das geschundene Tier, das in dem Film als letztlich sinnlos dargestellt wird.

Dies ist kein Widerspruch, sondern ein Hinweis darauf, daß Buñuels Filme nicht jene unterstützen wollen, die zynisch und larmoyant ihren Egoismus mit dem Hinweis tarnen, das Elend sei ohnehin zu groß. So verweisen die Filme einzig auf die Grenzen des Mitleids in einer schlecht geratenen Welt.

Viridiana wurde nach einigen Schwierigkeiten als spanischer Beitrag auf den Filmfestspielen von Cannes gezeigt. In Abwesenheit des Regisseurs nahm der oberste spanische Filmbürokrat Munoc Fontan, Gene-

A mi amigo Aranda, con un abrazo muy cordial
LNB.

Buñuel, 1962 in Toledo, aufgenommen von dem Regisseur
und Freund Carlos Saura

raldirektor im Informationsministerium, die «Goldene Palme» für Buñuel entgegen. Dies war Fontans letzter öffentlicher Auftritt. Eine
scharfe Kritik des «Osservatore Romano» provozierte den Skandal.
Kaum hatte Fontan die spanische Grenze überschritten, da war er schon
abgesetzt. *Viridiana* wurde in Spanien sofort verboten, alle Kopien sollten auf Anordnung Francos zerstört werden. Eine war freilich in weiser
Voraussicht nach Paris gebracht worden. Der Film wurde nun als rein
mexikanische Produktion deklariert und konnte gezeigt werden.

In Spanien allerdings wurde er erst im Frühjahr 1977 aufgeführt.

Obwohl Buñuels Rückkehr in das Spanien Francos nicht frei von Risi-
ken und Mißdeutungen gewesen war, wurde der Regisseur von *Viridiana* nun kaum noch des Kniefalls vor dem Regime bezichtigt. Buñuels
Taktik des «trojanischen Pferdes» hatte sich bewährt.

Das Geheimnis

Wenn der Film, den Sie jetzt sehen werden, Ihnen rätselhaft oder anstößig erscheint, so deshalb, weil auch das Leben es ist. Wie das Leben, so ist der Film voller Wiederholungen und vielfach interpretierbar. Der Autor erklärt, daß er keine Symbole geben wollte, zumindest nicht bewußt. Die beste Deutung von «El Ángel exterminador» (Der Würgeengel) ist vielleicht die, daß es von der Vernunft her keine Deutung gibt.[130]

Damit mystifizierte Buñuel als Mann von nunmehr 62 Jahren seinen jüngsten Film in der gleichen Art und Weise, wie er es 32 Jahre früher schon einmal getan hatte. Damals, im Vorspann von *L'Âge d'or*, hatte Buñuel mit Verve betont, nichts in diesem Film sei als bewußt gewähltes Symbol zu verstehen, alles sei rätselhaft und unerklärlich – ihm ebenso wie dem Zuschauer. Jetzt, 1962, wiederholt er dieses Verwirrspiel, so als wolle er sich aus dem Würgegriff seiner Exegeten noch einmal befreien. In Cannes, wo der Film mit mäßigem Erfolg auf dem Festival gezeigt wurde, rätselte man beispielsweise, warum in einer Szene ausgerechnet ein Bär als ungebetener Gast auf einer Gesellschaft erschien: «Weil mein Vater Bären mag»[131], erklärte Buñuels Sohn Juan Luis. Was mit der Wiederholung verschiedener Einstellungen in diesem Film bezweckt werden solle, wollte man wissen, und Luis Buñuel, der erst gar nicht nach Cannes gefahren war – seine Abneigung gegen öffentliche Auftritte und Interviews wird sich von nun an immer mehr verstärken –, beauftragte seinen Sohn: *Antworte, daß ich befand, der Film sei zu kurz, als ich ihn fertiggestellt hatte, so streckte ich ihn.*[132]

In Repliken wie diesen steckt ein gutes Stück abgeklärter Ironie, sie verraten den surrealistischen Theoretiker, aber auch den Regisseur, der sich gegen den Versuch seiner Interpreten stemmt, die Bilder vorschnell auf bereits Gewußtes zu reduzieren: *Mich interessiert das Geheimnis. Das Geheimnis ist das wesentliche Element jedes Kunstwerks. Das zu wiederholen, werde ich nie müde werden ... Ich habe oft launische Einfälle ohne jede symbolische Bedeutung, und zwar manchmal mit der Absicht, Spuren zu verwischen. Um die Wahrheit zu sagen, ich verstehe die Besessenheit mancher Leute nicht, die eine rationale Erklärung für oft zufällige Bilder geben wollen. Zum Beispiel in «El Ángel exterminador»: als Nobile das letzte Schaf opfert, nimmt er den Verband von seinem Kopf und bindet dem Tier die Augen zu. Das ist nicht symbolisch, wenn auch viele darin die «Darbietung eines Sühneopfers» sehen wollen.* [133]

Der Film *Der Würgeengel* markiert einen Wendepunkt in der Arbeit Buñuels. Während er gerade in seinen mexikanischen Filmen bis dahin versucht hatte, in die realistische, der tradierten Logik folgenden Beschreibung irrationale Segmente einzuschmuggeln, folgt er jetzt wieder der Maxime André Bretons: «Das Wunderbarste im Phantastischen ist, daß das Phantastische nicht existiert, alles ist wirklich.» [134]

Die Fabel des *Würgeengel*, dessen Titel auf ein Gemälde von Valdés Leal im Museum von Sevilla anspielt, ist irrwitzig genug: Der angesehene Bürger Nobile lädt in seiner Villa, die sinnigerweise in der «Straße der Vorsehung» liegt, zu einer Party ein; die Dienstboten verlassen ohne erkennbaren Grund eilig ihre Arbeitsstätte; am späten Abend hindert ein seltsamer Zwang die Gäste, das Haus zu verlassen, sie werden Gefangene des Salons. Dieses Erlebnis des Eingeschlossenseins verändert die Menschen nachhaltig: Zunehmend kommt ihr wahres Gesicht zum Vorschein, und sie erweisen sich als unmenschlich, böse und gemein. Nachdem die dünne Schicht zivilisierten Verhaltens erst einmal zerbrochen ist, wird jeder Mensch zum Feind des anderen, das darwinistische Prinzip feiert Triumphe. Die Gäste flüchten in Kabbalistik, Wahn und religiöse Rituale; mehrere Schafe und ein Bär trotten durch die Vorhalle, aber keiner der Menschen, die sich neugierig vor dem Haus versammelt haben, vermag einzudringen. Den Bann löst eine eher rationale Überlegung: man rekonstruiert, wie in einer Gruppentherapie oder in der psychoanalytischen Behandlung, die Ausgangssituation, jenen Moment, in dem der Zwang erstmals spürbar wurde, und dieses Nachinszenieren führt schließlich zur Befreiung. Erleichtert beschließen sie, einen Dankgottesdienst zu feiern, doch am Schluß der Messe überwältigt sie der Bann von neuem: Nun ist es die Kirche, die sie nicht mehr verlassen können.

Buñuel zieht die unbewußten Ängste der Menschen äußerst raffiniert ins Kalkül, hat doch der Rückzug in die eigenen vier Wände den Bürger noch stets hoffen lassen, hier könne er Schutz vor den Widrigkeiten des Lebens finden.

Buñuel zerstört solche Hoffnungen nachhaltig, indem er das Haus zum Gefängnis, zum Käfig werden läßt, wobei er perfiderweise offen läßt, ob die Gäste die Wohnung nicht verlassen können oder bloß nicht wollen. So werden die eigenen vier Wände zu einer Falle, aus der es letztlich kein Entrinnen gibt. Diese Verkehrung gängiger Vorstellungen irritiert den Zuschauer. Von den Gefährdungen des Draußen war er von jeher überzeugt, die Zerstörung des Drinnen als Hort der Sicherheit jedoch trifft ihn am Lebensnerv.

Der Film ist, obwohl er einen distanzierenden Unterton hat, eine Tortur für den Zuschauer. Als handle es sich um einen Traum, spricht sich der verborgene Sinn dieser Kinofiktion kaum jemals unverschlüsselt aus. Zwar verzichtet Buñuel nicht auf dramatische Logik und formale Wahrscheinlichkeit, aber an psychologischen und materiellen Unwahrscheinlichkeiten ist dennoch kein Mangel.

Der Würgeengel ist so wenig konformistisch wie *L'Âge d'or* und insofern noch mutiger, als er für ein Durchschnittspublikum geschaffen war.

Buñuel verdankte die ungewöhnlichen Produktionsbedingungen einem liberalen Produzenten: *In Alatriste habe ich einen Produzenten gefunden, wie ihn in der ganzen Geschichte des Films noch niemand hatte. Er liest die Drehbücher, die ich ihm anbiete, nicht einmal. Er gibt mir von seinem Kapital das Geld, das ich verlange. Er läßt mich machen, was ich will ... Als ich ihm den Film nach der Fertigstellung zeigte, küßte und schlug er mich vor Freude und sagte: «Das ist der schönste Film, den ich in meinem ganzen Leben gesehen habe. Verstanden habe ich nichts.»* [135]
Alatriste war zwar ein Produzent von unerhörter Toleranz, nicht aber von unerhörtem Reichtum. So beklagte sich Buñuel trotz seines generellen Lobs: *Das war ein sehr schwieriger Film. Als ich ihn fertig hatte, wäre ich in der Lage gewesen, ihn noch einmal zu machen – und zwar so, wie ich ihn mir vorgestellt hatte. Aber der Film ist eine zu kostspielige Angelegenheit (eine Industrie), als daß man sich hier leisten könnte, was überall*

Die Padres aus dem Film «Der Würgeengel», 1962

sonst üblich ist. Stellen sie sich vor, ich habe bei «El Ángel exterminador» sehr viel mehr gearbeitet ... Ich habe zehn Millionen Peseten gegenüber sechs Millionen bei «Viridiana» ausgegeben; ich habe die Drehzeit verlängert. Diesen Film hätte ich gern in London gedreht, wenn es möglich gewesen wäre. Ich hätte eine elegante Schauspieler-Besetzung gewählt. Aber ich bin es gewohnt, bei zweitrangigen Details resignieren zu müssen.[136] Und Buñuel setzt hinzu, er würde es vorziehen, unter besseren Bedingungen arbeiten zu können. In diesen Worten äußert sich eine gewisse Resignation und zugleich ein Ende seiner bisherigen Bescheidenheit. Jener Widerspruch ist auch zu spüren, wenn Buñuel damals sagt, er sei des Films ein wenig müde und wolle künftig nur noch alle drei Jahre ein Projekt angehen und zwar *nur über Gegenstände, die ich behandeln mag, absolut irrationale Sujets*[137].

Diese Äußerungen bezeugen eine Änderung im Schaffen Buñuels. Zumindest gedanklich nimmt er nun Abschied von jener «arte povera», die sich seiner Fähigkeit, aus der Not begrenzter Möglichkeiten eine künstlerische Tugend zu machen, verdankte.

Im Oktober 1962 kehrte Buñuel wieder nach Spanien zurück, wohnte, wie schon bei den Dreharbeiten zu *Viridiana*, im Hotel «Torre de Madrid». Seine Zeit in Spanien hat die Schwester Conchita beschrieben: «Da seine Taubheit schlimmer wurde, empfing mein Bruder kaum Leute, wenn es sich vermeiden ließ. In unserem Appartement standen vier Betten, aber Luis schlief mit einem Bettuch auf einer Decke auf dem Boden, mit geöffneten Fenstern. Oft stand er von seinem Schreibtisch auf, um auf die Landschaft zu sehen: in der Ferne das Gebirge, näher die «casa de campo» und das Palais. Er erinnerte sich an seine Studienjahre und schien glücklich zu sein. Er sagte, daß das Licht und die Luft von Madrid einmalig seien.»[138] Buñuel begegnete Madrid mit der Intensität dessen, der allzu lange fort gewesen war. Mit seiner Taubheit begründete er auch die Weigerung, in anderen als spanisch sprechenden Ländern noch Filme drehen zu wollen. Als ihm ein französischer Produzent anbot, Octave Mirbeaus Roman «Tagebuch einer Kammerzofe» zu verfilmen, stieß er zuerst einmal auf Ablehnung. Andere Vorhaben wurden erwogen, beispielsweise die Verfilmung eines in Madrid ungewöhn-

Jeanne Moreau als die Kammerzofe Célestine in
«Tagebuch einer Kammerzofe», 1964

lich erfolgreichen Theaterstücks «Divinas pelebras», in dem jedoch ein lasterhafter blinder Mann und ein Idiot auftraten, so daß Buñuel befürchtete, man könne diese Adaption für ein Duplikat von *Viridiana* halten. Dann erwog er, zwei Dramen von Valle-Inclán zu verfilmen. Dostojevskijs «Der ewige Gatte», Huysmans' «Gegen den Strich», Jensens «La Gravida» – immer neue Vorlagen wurden in Betracht gezogen und am Ende verworfen. Sehr weit gediehen war der Plan für einen Episodenfilm, in dem verschiedene Formen des Mysteriums gezeigt werden sollten. Das Projekt scheiterte an der spanischen Zensur, wozu Buñuel lapidar anmerkte: *Was spielt es für eine Rolle, welche Geschichte ich verfilme? Sie wissen genau, daß ich das Leben Christi nehmen und einen buddhistischen Film daraus machen kann.*[139]

So kam Buñuel wieder auf «Das Tagebuch einer Kammerzofe» zurück, jenes Projekt, das er nicht hatte realisieren wollen, weil es ihn zwang, in Frankreich zu arbeiten. Die Hauptrolle der Kammerzofe besetzte Buñuel mit Jeanne Moreau. Das Drehbuch schrieb Jean-Claude Carrière, der von nun an sein bevorzugter Koautor werden sollte, und auch die hier begonnene Zusammenarbeit mit dem Filmproduzenten Serge Silberman sollte noch des öfteren fortgesetzt werden.

Célestine, die Kammerzofe, ist eine Figur, die in der Tradition von Nazario und Viridiana steht. Eine Unschuldige in einer Welt der Dekadenz, der Bigotterie, der Grausamkeit, die sich gegen den Sog des Bösen stemmt, aber am Ende, gerade weil sie zu handeln versucht, darin untergeht: «Der Film präsentiert sich als Beschreibung einer Gesellschaft oder wenigstens eines Mikrokosmos, der aber ohne Zweifel durch das Bewußtsein Célestines wahrgenommen wird. Da dieses Bewußtsein ein unklares Bewußtsein ist, werden wir am Ende auf die Beschreibung zurückverwiesen. Und das ist es, was den Film rätselhaft macht.»[140] Tatsächlich wird dem Zuschauer das Geschehen nur über das Bewußtsein der Hauptfigur vermittelt. Mit ihren Augen sehen wir die senile Obszönität des Monsieur Rabour, die Bigotterie der Madame Monteil, die Geilheit ihres Gatten und jene Mischung aus Servilität und Boshaftigkeit, die den Diener Joseph zur bemerkenswertesten Figur dieses Films macht. Mit Joseph hat Buñuel versucht, jenen Typus zu porträtieren, den man eine autoritätsfixierte Persönlichkeit nennen kann: Er haßt Juden und Bolschewisten, ist für Vaterland und Militär, für Polizei und Kirche. Er gibt sich prüde und begeht zugleich einen Lustmord an einem kleinen Mädchen. Célestine will ihn des Mordes überführen, geht zum Schein auf seinen Heiratsantrag ein und verrät ihn der Polizei. Joseph jedoch wird freigesprochen, und die Frau, die ihn verraten hat, heiratet resignierend einen rechtsradikalen Landadeligen. So erkauft sie sich den gesellschaftlichen Aufstieg um den Preis ihrer persönlichen Integrität.

Buñuel hat Mirbeaus Roman vom Fin de siècle in das Ende der zwanziger Jahre verlegt. In der letzten Szene sieht man rechtsradikale Grup-

Buñuel mit seinem Drehbuchautor Jean-Claude Carrière bei Dreharbeiten zu «Tristana»

pen durch die Straßen von Paris marschieren, die «Nieder mit der Republik!» rufen. Mit der allzu planen Metapher eines heraufziehenden Gewitters bietet Buñuel am Schluß ein Bild für den heraufziehenden Faschismus. Und Joseph ruft begeistert: «Es lebe Chiappe» – eine späte Rache Buñuels, denn eben jener Chiappe hatte 1930 als Polizeipräfekt von Paris *L'Âge d'or* verbieten lassen.

So bleibt dies eine Geschichte ohne Helden, zumindest ohne solche, die sich dem Zuschauer, der auf der Leinwand die Lösung seiner in Wirklichkeit ungelösten Fragen erwartet, zu bruchloser Identifikation anbieten.

Daneben gibt es die private Ikonographie des Luis Buñuel: Ameisen, Mäuse, eine Gans, die von Joseph bestialisch abgewürgt wird, dann eine Schnecke, die ihre schleimige Spur über die Beine des ermordeten Mädchens zieht, sowie ein symbolträchtiger Schmetterling, der getötet wird, während der Mörder seiner Strafe entgeht. Man hat Buñuel gelegentlich vorgeworfen, er dämonisiere das Böse, statt dessen Banalität bloßzulegen. In der Tat ist Joseph ein lupenreiner Sadist: Er ermordet ein Kind, quält Tiere, und es gehört wenig Phantasie dazu, sich ihn als Wächter in einem Konzentrationslager vorzustellen, wenngleich der Prototyp des

Schergen eher in jenen Henkern zu sehen ist, die ihre Unmenschlichkeit demonstrativ mit Tierliebe zu verbinden wußten.

Der Drehbuchautor Jean-Claude Carrière hat die Schockästhetik Buñuels so beschrieben: Buñuel suche zwar solche Bilder, aber «für ihn handelt es sich weniger um einen Effekt als um den Versuch, den Zuschauer aus dem Gleichgewicht zu bringen. Er bringt den Zuschauer gern in einen Zustand der Verlegenheit, er liebt es, ihn aus seinen Gewohnheiten, seiner Bequemlichkeit herauszureißen, indem er ihm mit Vorbedacht sogenannte ‹geschmacklose› Szenen zeigt: Buñuels Traum wäre es, daß der Zuschauer in solchen Momenten nicht mehr auf die Leinwand schauen könnte und sein Gesicht verhüllte.» [141]

Carrière hebt auch die außerordentlich ökonomische Arbeitsweise Buñuels hervor, sein Vermögen, einen Film sozusagen in seinem Kopf schon entstehen zu lassen, so daß die Drehtage zu konzentrierter Arbeit genutzt werden können.

Im Jahre 1964 wirkte Buñuel in zwei Filmen als Darsteller mit. Für Carlos Saura spielte er in dem Film «Llanto por un bandido» einen Scharfrichter, für Alberto Isaac in dem Film «En este pueblo no hay ladrones» einen Priester. Im Jahr darauf drehte er seinen letzten mexikanischen Film: *Simón del desierto* (*Simon in der Wüste*). *Mein Film ist sehr stark inspiriert vom Leben des heiligen Stylites und vom Leben und der Existenz der Einsiedler. Ich versichere Ihnen, daß hier nicht die konformistische Sicht vom Leben eines Heiligen herrscht, der Film dürfte sehr beunruhigend sein.* [142]

Buñuel als Schauspieler (rechts) in einem Film von Carlos Saura

Dogma und Häresie

Über seine Unfähigkeit, zu glauben, hat sich Buñuel unzweideutig geäußert: *Was mich betrifft, so kann ich mich nicht ändern. Ich habe die Gnade, die den Glauben schenkt, nicht empfangen. Was mich interessiert ist das Leben mit seinen Unklarheiten und seinen Widersprüchen. Das Geheimnis ist schön. Sterben und verschwinden – das scheint mir das Ideal. Die Möglichkeit, in die Ewigkeit einzugehen, macht mir Grauen. Stell dir vor: mein bester Freund – er ist schon recht lange tot – erschiene mir, berührte meine Ohren mit den Fingern und diese gingen sofort in Flammen auf – selbst dann würde ich nicht glauben, daß er aus der Hölle käme; ich glaubte nicht mehr an Gott als an die unbefleckte Empfängnis der Jungfrau Maria, ebensowenig wie ich glaube, daß die Jungfrau mir beim Examen helfen kann. Ich würde ganz einfach denken: hier ist noch ein weiteres Geheimnis, das du nicht begreifen kannst.*[143]

Die oft burschikos formulierte materialistische Lebensphilosophie Buñuels ist weithin auf Ungläubigkeit gestoßen. Mit dem Agnostizismus eines Mannes, der die Unmöglichkeit christlichen Lebens in seinen Filmen immer wieder thematisiert hat, so daß diese ständige Auseinandersetzung mit der Religion am Ende alle Züge einer Obsession hatte, könne es, so meinen viele, nicht so weit her sein. Für diesen Zweifel an der atheistischen Überzeugung ist eine Äußerung des italienischen Filmregisseurs Marco Ferreri typisch: «Buñuel, den ich gut kenne, ist meiner Meinung nach ein Christ. Wenn er stirbt, wird er den Priester zurückweisen, er wird sterben in dem glücklichen Bewußtsein, seinen Ideen bis zum letzten treu geblieben zu sein, zugleich aber erfüllt von einer schrecklichen Furcht, in der sicheren Gewißheit, in die Hölle zu fahren ...»[144] Dies ist eine ironisch formulierte Spekulation – mehr nicht. Sie kommt indes nicht von ungefähr. Im Alter von 65 Jahren verfilmte Buñuel die Legende des heiligen Simon Stylites, drei Jahre später bebildert er in *Die Milchstraße* theologische Traktate. Ist dies die Besessenheit eines Aufklärers, der jene, die die Gnade des Glaubens empfangen haben, von seinem Agnostizismus überzeugen will? Oder wird der Zuschauer nicht doch Zeuge eines gedanklichen Prozesses, der nicht endenden Auseinandersetzung Buñuels mit der Faszination des Glaubens?

Der rüde und hämische Ton in seinen surrealistischen Meisterwerken

Szene aus «Simon in der Wüste», 1964

ließ keinen Zweifel an der antireligiösen, mehr noch der antikirchlichen Einstellung. Doch schon Buñuels mexikanische Filme waren in dieser Hinsicht interpretierbar. Einen faszinierenden, aber nutzlosen Irrweg hat Buñuel das Christentum genannt, und so sehr er in Filmen wie *Nazarin* oder *Viridiana* den Irrweg betonte, so sehr spürte der Zuschauer doch auch die Faszination jener christlichen Überzeugung und Lebensform, die angegriffen wurde.

Gerade gläubige Interpreten haben Buñuels Filme außerordentlich ernst genommen und sie in Teilen für ihre Sache reklamiert. Sie ahnten, daß Buñuel selbst in der schärfsten Negation der christlichen Überzeugung näher steht als jene Mehrheit der Indifferenten.

Buñuel hat gegen Glauben und Kirche mancherlei ins Feld geführt. Das bemerkenswerteste, weil originellste seiner Argumente ist wohl, der Glaube töte die Phantasie. Der Schlüsselbegriff in Buñuels Filmästhetik lautet: Geheimnis. Das Besondere des Films sei, so hat er wiederholt betont, das Geheimnisvolle und Phantastische, und er hat hinzugesetzt, das Mysterium sei wesentliches Element jedes Kunstwerks. Und nur die Kunst ist nach seiner Ansicht fähig, das Geheimnis zu bewahren. *Ja*, sagt er, *die Leute wollen immer eine Erklärung für alles. Das ist das Resultat einer jahrhundertelangen bürgerlichen Erziehung. Und für alles, was sie nicht verstehen, laufen sie dann zu Gott.*[145] Buñuel wirft der Religion vor, sie arbeite mit phantastischen Versatzstücken, mit Wundern, Legenden und Heiligengestalten, die sie am Ende dann doch wieder in ein rationales System integriere. Das Wunderbare wird erklärt, und damit seiner Fähigkeit, zu irritieren, beraubt. Buñuel, der Surrealist, sucht das Wunderbare im Alltäglichen, doch in der Auseinandersetzung mit dem Glauben kehrt er dieses Prinzip um, sucht nun das Alltägliche im Wunderbaren.

In den Filmen *Simon in der Wüste* und *Die Milchstraße* entmystifiziert Buñuel die christliche Legende. Er tut dies nicht, indem er mit aufklärerischem Pathos deren Vernünftigkeit bestreitet, sondern dadurch, daß er sie mit fingierter Naivität beim Wort nimmt.

Die Legende des heiligen Anachoreten Simeon Stylites hatte in den zwanziger Jahren schon die Freunde Buñuels in der Madrider «Residencia» zum Spotten animiert. So meditierte García Lorca über die Frage, was wohl mit den Exkrementen des heiligen Simon, der die letzten 37 Jahre seines Lebens auf einer Säule zugebracht haben soll, geschehen sei.

Wie viele Filme Buñuels geht also auch dieser auf ein Jugendinteresse zurück. Von einem Altersstil ist denn auch nichts zu spüren. Im Gegenteil: der Film hat gelegentlich eine geradezu kabarettistische Verve. Da wird einem Dieb durch ein Wunder die abgehackte Hand wiedergeschenkt, und er hat nichts Eiligeres zu tun, als damit seine Tochter zu schlagen. Satirischer hat Buñuel seiner Skepsis gegenüber der Caritas nie Ausdruck gegeben.

Zu Beginn des Films sieht man den heiligen Mann auf eine höhere Säule umziehen. Die hat ihm ein wohlhabender Kaufmann gestiftet, der jene Askese, zu der er selbst nicht fähig ist, wenigstens von anderen beispielhaft vorgelebt haben will. Buñuel hat gewitzelt, leider habe es ihm am Geld gefehlt, sonst hätte er eine noch viel höhere Säule bauen lassen, die den Heiligen dem Himmel noch näher gebracht hätte. In dem Witz steckt die Wahrheit des Films. Die Säule ist Symbol jener Weltflucht, die auch Nazarin und Viridiana blind für die Widrigkeiten des Lebens werden ließ. Hier versucht sich ein Mensch im übertriebenen Nachvollzug des Leidens Christi, in einem asketischen Annäherungsversuch an Gott und verliert den Sinn und das Verständnis für die Leiden der Menschen. Am Ende sieht man Simon, diesen «Olympiasieger in Askese» [146], ratlos in einer New Yorker Diskothek sitzen und irritiert auf die Apokalypse warten. Ein leibhaftiger Anachronismus.

Das Bemühen, dem als Legende Überlieferten gewöhnliche Aspekte abzugewinnen, bestimmt auch den Film *Die Milchstraße*. Mehr noch: die Trivialitäten des Alltags sind aus der Perspektive Buñuels den frommen Überlieferungen so vollkommen gleichwertig, daß er sie bruchlos ineinanderfügt. Ein Beispiel: zwei Clochards unterhalten sich über die Bedeutung des Barts, den der Ältere von ihnen trägt. Die nächste Einstellung zeigt den an der Wand lehnenden bärtigen Jesus, der darüber nachdenkt, ob er sich den Bart abschneiden lassen soll. Daraufhin bittet Maria ihren Sohn, sich doch das Gesichtshaar unbedingt stehen zu las-

«Simon in der Wüste»

sen, es sei so überaus kleidsam. In einer anderen Sequenz macht Jesus einen Blinden sehend, doch dann überkommt ihn die Furcht, die Nachricht von der wundersamen Genesung könne ins Volk getragen werden, und er macht, ganz seinem gesunden Menschenverstand folgend, die Heilung wieder rückgängig.

Das Prinzip ist immer das gleiche: Demystifikation. Doch entmythologisiert Buñuel nicht mit der Verbissenheit des zum Agnostizismus Be-

Bernard Verley als Jesus in dem Film «Die Milchstraße», 1969

kehrten, sondern mit ironischer Distanz. Von Jesus sagt er, dieser sei seiner Ansicht nach eine Persönlichkeit mit schlechten Launen und ein wenig boshaft gewesen. Im Nachspann des Films legt Buñuel freilich größten Wert auf die Feststellung, das gerade Gesehene sei keineswegs die Ausgeburt seiner antiklerikalen Phantasie. *Alles in diesem Film*, so betont er, *das den Katholizismus und die Häresien, die aus ihm entstanden sind, betrifft, ist gerade von einem dogmatischen Standpunkt aus genauestens wiedergegeben.*[147] Und er setzt hinzu: *Die Texte und Zitate sind entweder der heiligen Schrift oder alten und neuen theologischen Schriften entnommen.*[148]

Der Film thematisiert die sechs großen Glaubensdogmen, ist so gesehen ein filmischer Essay über die Frage der Natur Jesu, die Dreifaltigkeit, die Transsubstantiation, das Dogma von der unbefleckten Empfängnis, des Verhältnisses von der Allwissenheit Gottes und dem freien Willen der Menschen. Er handelt von der Entstehung des Bösen; zugleich beschreibt er aber auch die Geschichte der Häresien, schildert den Kampf jener, die sich der Kanonisierung des Glaubens widersetzt haben.

Erzählt wird vom erbarmungslosen Kampf um den rechten Glauben

und damit von Folter, Verbrennung und Tod. So verbürgt, und damit
Originalität nicht für sich geltend machend, die Wortzitate sind, so origi-
nell und verblüffend sind die den Texten korrespondierenden Bilder:
Buñuel illustriert den Streit zwischen einem Jansenisten und einem Jesuiten über den wahren Glauben als Degenduell, bei dem mit jedem
Hieb spitzfindige theologische Argumente ausgetauscht werden. Einen
Irrweg hat Buñuel den Glauben genannt. In *Die Milchstraße* nimmt er
diese Metapher auf und schickt zwei Clochards ganz in der Tradition des
pikaresken Romans auf die Wallfahrt nach Santiago de Compostella in
den Bergen Asturiens, wo, der frommen Überlieferung zufolge, das

Szene aus «Die Milchstraße»

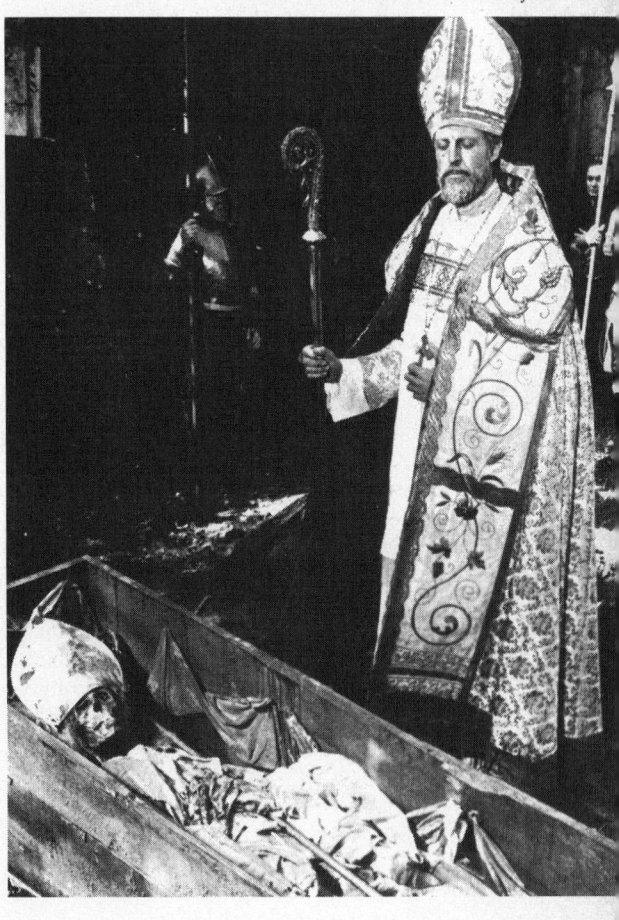

Szenenskizze von Jean-Claude Carrière für die «Milchstraße»

Grab des Apostels Jakobus zu finden sein soll. Auf ihrer Wanderschaft begegnen sie Gott und Teufel, Jesus und seinen Jüngern, dem Marquis de Sade, sie begegnen dem nestorianischen Bischof Priscillian und auch der Sünderin Maria Magdalena. Die beiden Clochards zeugen am Ende, nach einem Befehl Gottes, der ihnen zu Beginn begegnet ist, mit einer Hure zwei Kinder. Sie nennen sie «Du-bist-nicht-mein-Volk» und «Kei-ne-Barmherzigkeit-mehr». Dies vor allem hat Buñuel an der christlichen Religion und ihren irdischen Vertretern getadelt: Intoleranz, die aus der Anmaßung des Auserwähltseins entsteht, und eine Barmherzigkeit, die das Leiden in der Welt verschlimmert.

Die herkömmlichen Gesetze von Raum und Zeit werden in diesem Film vollkommen negiert. Menschen gelangen in Räume, in die sie nach den Gesetzen der Physik nicht gelangen könnten, die Jahrhunderte fließen ineinander, auf einzigartige Weise nutzt Buñuel die besonderen Möglichkeiten des Films: *Die Bilder erscheinen und verschwinden mittels*

Buñuel bei den Dreharbeiten zur «Milchstraße»

«Blenden» wie im Traum; Zeit und Raum werden flexibel, verengen oder dehnen sich nach Wunsch; die chronologische Ordnung und die relativen Werte der Dauer entsprechen nicht mehr der Realität; die zyklische Handlung muß sich in ein paar Minuten oder in mehreren Jahrhunderten abspielen; die Bewegungen beschleunigen die Verzögerungen[149], hat Buñuel 1953 in jenem Vortrag vor mexikanischen Filmstudenten gesagt. Nie hat er diese Theorie filmischer Möglichkeiten adäquater in die Praxis umgesetzt als in *Die Milchstraße*. *Ich möchte gern*, sagte er zu diesem Film, *Verwirrung stiften ... Lediglich die Konstruktion des Films ist logisch, aber das Ganze soll einen Eindruck der Zusammenhanglosigkeit erwekken.*[150] Mit keinem seiner Filme war Buñuel der Erzählstruktur seiner frühen surrealistischen Werke näher, und nicht zufällig hat er angemerkt, sein Werk sei eine Brücke, die sich von *L'Âge d'or* zur *Milchstraße* spanne. Der Film hätte ein Abschluß einer großen Karriere sein können, und Buñuel hatte auch prompt beteuert, er sei des Filmens nun endlich müde. Eine Drohung, die wieder einmal nicht wahr gemacht wurde. Zwei Jahre später kehrte Buñuel nach Spanien zurück, um dort *Tristana* zu drehen.

Séverine und Tristana
oder Die leise Rebellion der Frauen

Hinter dem, was unsere Gesellschaft oder andere Gesellschaftsformen als «ewige Prinzipien» aufgerichtet haben, verbergen sich meiner Ansicht nach nur die ständig fluktuierenden und sehr relativen menschlichen Beziehungen, wie sie in der Familie, der Liebe, der Freundschaft oder der Kunst ihren Ausdruck finden. Für mich ist es selbstverständlich, die sogenannten ewigen Prinzipien anzugreifen, denn sie sind Instrumente der Unterdrückung, und ich glaube, daß man einen permanenten Kampf für die Freiheit führen muß.[151]

Von einem ewigen Prinzip, dem der Ehe, handeln die Filme *Belle de Jour* und *Tristana*. Alle seine Filme seien irgendwie miteinander verwandt, hat Buñuel gesagt, und so illustrieren auch diese nichts prinzipiell Neues. Die Thesen sind die alten: In der bürgerlichen Gesellschaft verkehren sich Moral und Unmoral, die Ehe ist der institutionalisierte Sieg des Realitätsprinzips über das Lustprinzip, den Reinen kann es in einer schlechten Welt nicht geben. Neu gesehen sind die Verhaltensweisen der Figuren. Waren sie in früheren Filmen von geradezu manischer Besessenheit und Konsequenz, so sind sie nun bemüht, sich mit den Widrigkeiten des Lebens so gut es eben geht zu arrangieren. Nichts erinnert bei Séverine noch an jene exzessive Leidenschaft, die von den Surrealisten bewundernd «verrückte Liebe» genannt worden war.

Séverine und Tristana sind von anderem Naturell. Sie wollen das Heim als Nest, die Ehe als Garanten finanzieller Sicherheit, und doch haben sie ihre Triebregungen nicht so vollkommen als häuslich-familiäres Glück verinnerlichen können, daß ihnen nicht ein Rest von Unruhe und Lust zur Rebellion geblieben wäre. Deshalb flüchten beide zeitweise aus einer Institution, die ihnen Schutz und Zwang gleichermaßen ist.

Séverine ist eine Arztgattin, deren Ehe auf dem Prinzip der Trennung von Liebe und Sexualität basiert. So sinnt sie auf Wege, den Konventionen und ihren sexuellen Bedürfnissen gleichermaßen gerecht werden zu können. 21 Stunden des Tages lebt sie als Ehefrau in mittlerer Affektlage, drei Stunden als Prostituierte. *Belle de Jour* nennt man sie nach jenen Blumen, die sich nur am Tage öffnen. Ihr Doppelleben verrät Sinn für Ordnung. Romantische Leidenschaft, gar Torheiten aus Verliebtheit verträgt es nicht. Séverine kennt die Spielregeln, einer ihrer Kunden

Buñuel demonstriert seiner Hauptdarstellerin Catherine Deneuve das Gehen mit Krücken für den Film «Tristana», 1970

kennt sie nicht. Er, ein Krimineller, schießt in blinder Eifersucht auf den Gatten seiner Angebeteten, den das Attentat gelähmt in den Rollstuhl zwingt. *Belle de Jour*, die ausgelebt hat, was ihr als Defizit ihres ehelichen Daseins erschien, kehrt zurück, woher sie gekommen war: in die häusliche Enklave.

Jenes Wechselspiel von Ausbruchsversuch und Heimkehr bestimmt auch den Film *Tristana*. Die achtzehnjährige Tristana kommt als Waise

Catherine Deneuve in «Tristana»

zu einem Vormund, dem 40 Jahre älteren Don Lope, einem Bourgeois von liberalem Selbstverständnis und patriarchalischem Gehabe. Don Lope macht sich das Mädchen gefügig, doch Tristana versucht durch die Romanze mit einem Maler der Gewalt ihres Vormunds zu entkommen. Sie flieht in eine Beziehung, die alle Züge eines Klischees hat, und tatsächlich hält jene Idylle eines bohèmehaften Lebens Belastungen nicht stand.

Tristana erkrankt an Krebs, ein Bein muß ihr abgenommen werden, und das pure Versorgungsdenken treibt sie zurück zu dem alternden Galan. Man heiratet, und Buñuel inszeniert diese Zeremonie, als handle es sich um ein Begräbnis.

Tristana emanzipiert sich, aber sie tut dies um den Preis ihrer Menschlichkeit; sie rächt sich für ihre Unterwerfung. Als Don Lope im Sterben liegt, gibt sie nur vor, den Arzt zu Hilfe zu rufen. Der alte Mann stirbt, Tristana öffnet das Fenster und atmet tief ein.

Früh schon imaginiert Tristana ihren Widerstand. Immer wieder sieht

Catherine Deneuve in «Belle de jour», 1967

Szene aus «Belle de jour»

sie im Traum und der Phantasie den Kopf Don Lopes als Klöppel einer Kirchenglocke – ein Kastrationssymbol.

Eine dramaturgisch noch wesentlichere Funktion haben Phantasie und Traum in dem Film *Belle de Jour*. Seinen Film solle charakterisieren, sagte Buñuel, daß er *unterschiedslos und ohne Vorwarnung die Dinge, die der Heldin tatsächlich passieren, mit den Phantasien und pathologischen Reizen, die sie sich nur vorstellt, in der Montage mischen werde. Je weiter der Film voranschreitet, desto häufiger werden diese Einschiebungen werden, und am Ende, in der Schlußsequenz, wird das Publikum nicht wissen, ob das, was Séverine geschieht, tatsächlich stattfindet oder nur im Bewußtsein der Heldin, ob es Wirklichkeit ist oder Alptraum.*[152]

Die Wirklichkeit bestimmt in *Belle de Jour* die Wunschbilder, und die Wünsche drängen danach, wirklich zu werden. Gleich zu Anfang des Films sieht man einen Landauer durch einen Alleeweg fahren. Rasend vor Wut über Séverines Frigidität läßt Pierre, ihr Mann, sie halbnackt an einen Baum binden. Man stopft ihr einen Knebel in den Mund, vergewaltigt sie. Übergangslos hören wir eine männliche Stimme fragen: «Woran denkst du, Séverine?» und Séverine, im Bett ihres Schlafzimmers liegend, antwortet: «An dich.»

Nichts unterscheidet mehr die Logik des Traums von der Logik des Wachseins, der Film ist eine dialektische Einheit von Realem und Irrealem, man sieht Bilder, nicht die Bedeutung von Bildern. Die Bilder zu entschlüsseln, ihnen Sinn zu geben, sie sozusagen in seinem eigenen Kopf zu vollenden, gehört zu jener Freiheit, die Buñuel dem Zuschauer läßt.

1967, das Jahr der Entstehung von *Belle de Jour*, markiert einen außerordentlich bedeutsamen Einschnitt im Schaffen Buñuels. So sehr er selbst die Kontinuität seines Werkes betont hat, so wenig ist zu übersehen, daß wir es hier mit einer im eigentlichen Sinne modernen Ästhetik zu tun haben, mit einer Opulenz der Bilder, die dem Schaubedürfnis des Publikums entgegenkommen.

Wie Visconti[153] opfert auch Buñuel Teile seiner ästhetischen Prinzipien. Stilistisch hat *Belle de Jour* mit einem Film wie *Los Olvidados* nichts mehr gemein. Es wäre voreilig, dies Verrat zu nennen. Ende der sechziger Jahre war Buñuel mit einer ·Industrie des Schönen konfrontiert, die sich der Konkurrenz des Fernsehens nur mit einer auf Opulenz ausgerichteten Filmästhetik zu erwehren können glaubte. Gefragt waren eine aufwendige Technik, professionelle Stars und Sujets, die im gehobenen Milieu spielten, die die Möglichkeit zu reichem Dekor, Kostüm und Ambiente gaben. Den ökonomischen Notwendigkeiten der Filmindustrie hat sich Buñuel, und er hat daraus nie einen Hehl gemacht, zumeist gebeugt. Er hat sich angepaßt und seine Auftraggeber zugleich auch überlistet. Die kulinarische Ästhetik, mit der hier die Lebenspraxis einer genießenden Klasse geschildert wird, gerät unter der Hand wieder zu einem Instrument der Kritik. Buñuel zeigt die Möglichkeiten des Genießens, die einer gewissen sozialen Position immanent sind, aber er zeigt zugleich den Überdruß daran, die Unfähigkeit, wirklich zu genießen, er zeigt, wenn man so will, einen goldenen Käfig. Mehr noch: was Buñuel in der Abbildung der Wirklichkeit schmackhaft macht, dementiert er in den Träumen.

Die Wirklichkeit des Traums

Der Film ist eine wunderbare und gefährliche Waffe, wenn ein freier Geist ihn handhabt. Er ist das beste Instrument, um die Welt der Träume, der Emotionen, des Instinkts auszudrücken. Der schöpferische Mechanismus der filmischen Bilder ist in seinem Ablauf unter allen menschlichen Ausdrucksmitteln dasjenige, das am meisten an die Arbeit des Geistes während des Schlafs erinnert. Der Film scheint eine unbeabsichtigte Imitation des Traums zu sein. B. Branius weist darauf hin, daß die Nacht, die nach und nach im Saal um sich greift, ein Äquivalent zum Akt des Augenschließens sei. Und dann beginnt auf der Leinwand und im Innern des Menschen der nächtliche Streifzug ins Unbewußte. Die Bilder erscheinen und verschwinden mittels «Blenden» wie im Traum ...[154]

Der diskrete Charme der Bourgeoisie ist ein Film über die Wirklichkeit des Traums. Seine Hauptfiguren gehören zur genießenden Klasse, haben Kultur, Lebensart und feine Manieren. Sie besuchen einander, betrügen einander und tätigen obskure Geschäfte.Die Moral ist eine doppelte: Man lehnt die Haschisch-Zigarette ab und handelt mit Heroin. Vor allem aber trifft man sich zum Essen, zum kulinarischen Ritual, dessen Vollzug indes immer wieder gestört wird. Die genießende Klasse wird um ihren Genuß gebracht. Man verabredet sich in einem vornehmen Restaurant, doch da ist es eigenartig leer und aus einem Zimmer dringt Schluchzen. Dort liegt der ehemalige Inhaber aufgebahrt, die Angehörigen halten Totenwache, den Ehepaaren Sénéchal und Thévenot sowie dem Botschafter von Miranda vergeht der Appetit. Während eines Diners dringen Soldaten bei ihnen ein, sie müssen das Essen teilen. Der Colonel lädt die Freunde zu einem Abendessen ein; aber die Hähnchen sind aus Pappe und der Eßtisch steht auf einer Bühne: Der Vorhang hebt sich, und die Tafelrunde wird dem Publikum vorgeführt. Ein anderes Mal werden sie während des Essens verhaftet und im Gefängnis Augenzeugen grausamer Folterszenen, die sich als Traum des Kommissars entpuppen. Schließlich werden sie, noch ehe sie mit dem Diner beginnen können, von Terroristen ermordet; den Botschafter, der sich unter dem Tisch hatte Verstecken können, überwältigt die Gier, er greift nach einem appetitlichen Stück Fleisch, wird entdeckt und erschossen, worauf er aus dem Traum erwacht und in der Nacht seinen Kühlschrank

Szene aus «Der diskrete Charme der Bourgeoisie»

leert. Nach den makabersten Szenen schrecken die Akteure aus tiefem
Schlaf empor, alles, so erkennt der Zuschauer, war nur ein Traum. Nur
ein Traum? Wir werden Zeuge einer Wirklichkeit, die so übermächtig
ist, daß sie noch den Traum beherrscht. Aus der Realität ist keine Flucht
möglich, und es ist die ironisch formulierte Hoffnung Buñuels, die böse-
sten Menschen möchten auch das schlechteste Gewissen haben. Gewiß
ist hier der Wunsch der Vater des Gedankens, ein Wunsch obendrein,
der ohne jene ätzende Schärfe vorgetragen wird, die Buñuels frühe Filme charakterisiert hatte. Ein Alterswerk? *Als ich jung war, war ich sehr
aggressiv. Der Surrealismus im Kino hat angefangen, als man sich fragte,
was man mit tausend Zuschauern Besseres tun könne, als alle ihre Wertvorstellungen anzugreifen und zu zerstören. Alles, was nicht die Gesellschaft und die Institution angreift, ist nicht surrealistisch. Aber natürlich
nicht auf plumpe Weise, wie es der sozialistische Realismus macht. Auf
subtilere Weise, es muß aufgelöst sein. Meine Wurzeln liegen natürlich im
Surrealismus, der mich stark beeinflußt hat. – Die Gruppe der Surrealisten existiert nicht mehr, vor allem aber gibt es heute den Surrealismus als
solchen nicht mehr. Der Surrealismus ist ins Leben übergegangen. Heute
ist die Gewalttätigkeit überall. Es gibt Kriege, Revolutionen, Terrorismus.
Die Gewalttätigkeit ist zu nichts mehr gut. Nichts skandalisiert mehr. Die
Kunst brauchte Waffen. Heute sind die Waffen zu nichts mehr gut. Ich bin
ein theoretischer Terrorist gewesen. Heute verabscheue ich den Terrorismus, selbst den theoretischen. Die Gewalt angreifen mit Gewalt ist ab-*

surd. Heute ist alles in einem schrecklichen Durcheinander, die Linke, die Rechte, in Italien zum Beispiel.[155]

Ist dies die Resignation eines Surrealisten, der zahnlos geworden ist? Findet sich hier ein alternder Regisseur, einer obendrein, dem ökonomischer Erfolg beschieden ist, mit den Widrigkeiten des Lebens ab? Sind Ironie und Humor Indizien einer Fluchtbewegung? Buñuel bestreitet das: *Der Humor ist immer schwarzer Humor. Das ist sehr wichtig. Nicht immer alles ernst nehmen können. Das ist sehr verschieden von der Komik und dem Kalauer. Ich hasse zum Beispiel Kalauer. Sie bringen mich überhaupt nicht zum Lachen. Aber ich verlange von den Leuten nicht nur, daß sie lachen, sondern auch, daß sie den Humor verstehen. Ich verfalle immer sozusagen gegen meinen Willen in den Humor. Wenn mich beim Drehbuchschreiben eine Geschichte auch noch am nächsten Tage zum Lachen bringt, behalte ich sie bei, wenn nicht, so ist sie schlecht. Aber es ist mir gleichgültig, ob das Publikum beim Anblick meiner Filme lacht oder nicht. Das Publikum setzt sich aus vielerlei Elementen zusammen: es ist ein Abbild der Gesellschaft. Das einzige, was für mich zählt, ist, daß meine Freunde den Film mochten. Jedenfalls liebe ich nicht die*

Buñuel mit Delphine Seyrig bei den Dreharbeiten zu dem Film «Der diskrete Charme der Bourgeoisie», 1972

Bewunderung, die man für die Kunst an sich hat. Der Surrealismus war eine Antikunstbewegung. Ich habe es lieber, daß man mir Beschimpfungen und Revolte entgegensetzt.[156] Widerspruch fand Buñuel immerhin bei der spanischen Filmzensur. Spanien sei das einzige Land der Welt, in dem seine Filme geschnitten würden, sagte er in einem Interview mit einer Zeitung in Zaragoza und setzte hinzu: Er wolle keine Filme mehr in Spanien drehen. Die Zensur hatte unter anderem jene Szene eliminiert, in der ein französischer Bischof einen Gärtner umbringt, nachdem er ihm vorher die Absolution erteilt hat. Ich habe nicht die Erlaubnis zu diesen Schnitten erteilt, und ich glaube kaum, daß der Produzent Silberman es getan hat. Wer ist der Verantwortliche für diese Aktion?[157] Ein Lehrstück über das komplexe Verhältnis von Theorie und Praxis. 1973 erhielt Der diskrete Charme der Bourgeoisie den Oscar für den besten fremdsprachigen Film. Die Abstimmung, höhnte Buñuel, sei vollkommen demokratisch und das Ergebnis unvorhersehbar, weil an der Abstimmung 2500 Idioten beteiligt sind, eingeschlossen beispielsweise den «Assistent dress designer» des Studios, der, als Mitglied, Stimmrecht hat[158]. Der Oscar sei einer der übelsten Preise, murrte er, und doch nahm er ihn an: ... eine Geste, die einmal antigesellschaftliche Tat gewe-

Buñuel bei den Dreharbeiten zu dem Film «Das Phantom der Freiheit», 1974

Julien Bertheau als Bischof in «Der diskrete Charme der Bourgeoisie»

sen war ist heutzutage nur noch ein öffentlicher Schauakt: *Ich bin kein Marlon Brando.*[159]

Ein Jahr später kam *Das Phantom der Freiheit* in die Kinos, ein Film, von dem Buñuel gesagt hat, es sei sein surrealistischstes Werk. Dies scheint ein Widerspruch zu der häufig geäußerten Ansicht, der Surrealismus existiere nicht mehr. Für Buñuels späte Filme ist der Surrealismus freilich nicht mehr lebensphilosophische Grundlage, er ist formale Methode.

Das Phantom der Freiheit mit dem Film *Der diskrete Charme der Bourgeoisie* vergleichend, sagte Buñuel: *Es gibt keinerlei Zusammenhänge zwischen den beiden Filmen. Sie sind unabhängig voneinander. Die Konstruktion von «Das Phantom der Freiheit» ist sehr viel freier, phantasievoller. Es dürfte sehr viel schwieriger sein, diesen Film symbolisch zu interpretieren. In «Der diskrete Charme der Bourgeoisie» gab es durchgehende Figuren, und es gab den Titel. «Das Phantom der Freiheit» läßt sich nicht einmal erzählen. Ich mag keine Logik und keine logisch gebauten Fabeln. Beim «Andalusischen Hund» habe ich einen Titel gesucht, der keine Beziehung zum Film hatte. Es gab weder Hund noch Andalusier. In «Das Phantom der Freiheit» gibt es weder ein Phantom noch Freiheit.*[160]

Der Film basiert auf dem Prinzip der «verkehrten Welt». Polizisten erhalten Unterricht über die Verhältnismäßigkeit von Gesetzen, der Polizeipräsident verübt Einbrüche, ein angeblich entführtes Mädchen steuert, neben dem Telefon stehend, Informationen zu ihrer Person bei, Tote telefonieren und Kapuziner pokern. Nicht zum Ritual des Essens trifft man sich, sondern zum Ritual gemeinsamen Verrichtens der Notdurft, und ein Mörder, der zur schlimmsten Strafe verurteilt wird, sieht sich am Ende mit der Freiheit bestraft. *Die Konstruktion des Films basiert auf dem Zufall. Mich fasziniert die Unbestimmtheit des Zufalls. Wie sehr wichtige Dinge geschehen durch eine Verkettung von Zufällen. In dem Film erfolgt alles nach dem Gesetz des Zufalls. Der Film könnte endlos weitergehen.*[161]

Das Phantom der Freiheit ist eine Anthologie Buñuelscher Figuren und Motive. *Ich erzähle sehr gern dieselben Geschichten, dieselben Späße, komme mehrmals auf dasselbe Sujet zurück. Ich liebe die Wiederholung, die Besessenheit.*[162]

Klo-Szene aus «Das Phantom der Freiheit»

Die Mausefalle im Salon

Luis Buñuels Film *Cet obscur objet du désir* in Paris

In Luis Buñuels Film *Cet obscur objet du désir* (*Dieses obskure Objekt der Begierde*) finden wir zwei Szenen, die außergewöhnlich präzise die List dieses Filmregisseurs wie die Eigenheiten unserer kinomatographischen Sehweise illustrieren. Beide Male werden wir Zeuge, wie die Gewalt in eine träge Idylle einbricht. In der ersten Szene explodiert am hellichten Tag eine Bombe in einem Auto, in der zweiten schlägt eine Mausefalle zu. Welche Szene objektiv die furchterregendere ist, steht außer Frage. Und doch schockiert uns die Mausefallenszene mehr. Warum? Weil wir als Schock die Versagung von Sinn erfahren, weil uns erschreckt, was sich nicht mit unserer Erfahrung in Übereinstimmung bringen läßt. Die Mausefalle im noblen Salon erscheint uns irrwitziger als ein zerberstendes Auto in den Straßen von Mexico City. In der Beschreibung des Terrors ist die Einbildungskraft schon längst von der Wirklichkeit überholt worden: *Heute*, sagt Buñuel, *ist die Gewalttätigkeit überall*. Gewalt und Terror sind uns selbstverständlich geworden, nicht weil wir sie in den Medien so oft gesehen haben.

Dabei haben wir freilich vergessen, daß diese Erfahrung des Terrors immer nur vermittelt war: daß wir den Schein für lebensnaher angesehen haben als unser eigenes Erleben. In Buñuels Film haben die Gewaltszenen jene die individuellen Opfer gänzlich außer Betracht lassende Beiläufigkeit, die auch den Bildern der Gewalt in den Nachrichtensendungen eigen ist. Die Bedeutung der Terroranschläge scheint so sehr auf der Hand zu liegen, daß wir erst gar nicht in die Versuchung kommen, nach ihrem Sinn zu fragen. Während sich das Ungeheuerliche bruchlos in unser Weltbild fügt, irritiert uns das Alltägliche. Warum, so grübeln wir etwa, zeigt uns Buñuel eine tote Fliege in einem Weinglas. Symbol, Metapher, purer Zufall? Dies sind die Fallgruben des Luis Buñuel. In einem Kinofilm, in dem jedes Detail etwas zu bedeuten hat, besteht der Sinn seiner Bilder darin, zu zeigen, daß es oft keinen Sinn mehr gibt. Je mehr die Bilder Buñuels sich dem Erlebnishorizont des Zu-

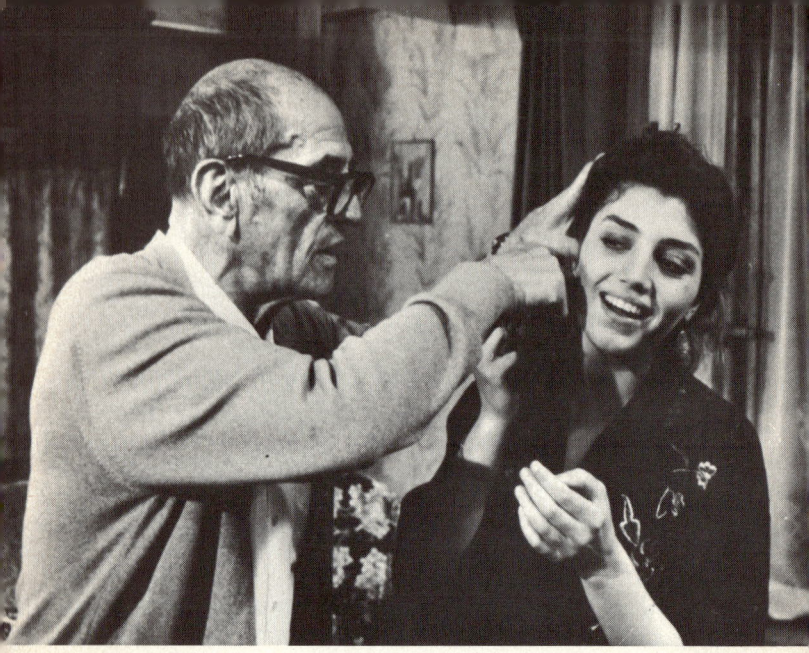

Bei Dreharbeiten zu dem Film «Dieses obskure Objekt der Begierde», 1977

schauers nähern, desto mehr verstören sie ihn. Buñuel stellt die gängige Dramaturgie auf den Kopf. Das Gewöhnliche irritiert den Zuschauer, das Außergewöhnliche fügt sich in seine Erwartungen.

Dieses obskure Objekt der Begierde ist der Film eines 77 Jahre alten Mannes. Es ist der 32. Film Buñuels, und wie stets in den letzten Jahren, wenngleich mit größerer Wahrscheinlichkeit, wird er als sein letzter Film angekündigt. Als wolle Buñuel den Kreis schließen, greift er noch einmal das Thema seiner frühen surrealistischen Filme auf: der «amour fou», die alle Einwände des Verstandes und der Konvention mißachtende Liebe von denkbar größter Unbedingtheit. 1930, in dem Film *Das goldene Zeitalter*, hatte Buñuel für das ungehemmte Lustprinzip Stellung bezogen. Die herrschenden Sittengesetze und ihre Instanzen – Familie, Vaterland, Religion – zielten, so wollte der Film von Buñuel und Salvador Dalí beweisen, darauf hin, die Menschen zu isolieren, Distanz zwischen ihnen zu schaffen, natürliche Beziehungen zwischen Mann und Frau zu verhindern. Sexuelle Freiheit war identisch mit einem Begriff von Glück, wie er sich radikaler nicht denken läßt.

Vierzig Jahre später dreht Buñuel nun einen Film, in dem ein Mann wider alle Regeln der Vernunft auf seiner Liebe zu einem jungen Mädchen beharrt. Doch was Buñuel in seinen frühen Jahren als utopische

Verheißung gefeiert hat, belächelt er nun. Mehr noch: der Film nimmt deutlich Partei für die Frau, die sich mit List und Tücke den Nachstellungen eines älteren Herrn zu widersetzen weiß.

Buñuel hat den Roman «Die Dame und der Hampelmann» von Pierre Louÿs verfilmt. Das haben andere Regisseure vor ihm auch schon getan. Am bekanntesten ist die Adaption Josef von Sternbergs «The Devil is a Woman» mit Marlene Dietrich in der Hauptrolle. Buñuels Film ist nicht einfach ein Remake, sondern der Versuch, dem Roman eine gänzlich neue Sicht abzugewinnen. In dem Roman heißt es an einer Stelle: «Sie tat das Böse nicht aus Lust an der Übertretung, sondern weil es ihr Vergnügen bereitete, anderen Leid zuzufügen. Ihre Rolle im Leben beschränkte sich darauf, Leiden zu schaffen und zu beobachten, wie sie um sich griffen.» Genau diese Rolle der femme fatale hat Sternberg Marlene Dietrich spielen lassen. In Buñuels Film ist die Boshaftigkeit der Conchita eher spielerischer Natur und erscheint zudem als legitimer Widerstand gegen den Versuch ihres Verehrers, sie buchstäblich zu kaufen.

Dabei ist dieser Mathieu durchaus kein Ekel. Buñuel hat die Rolle mit Fernando Rey besetzt, der eine natürliche Noblesse in Wesen und Erscheinung besitzt. Ein Señor, der durchaus dem Calderónschen Ehrenkodex verpflichtet ist, ein Mann, der mit Takt, Feingefühl und äußerster Galanterie um die Angebetete wirbt und seine finanziellen Angebote dezent und eher beiläufig anzubringen weiß. Conchita nimmt das Geld und ihm nicht alle Hoffnung, hält ihn sozusagen auf kleiner Flamme, in einem Zustand zwischen Hoffnung und Resignation.

Dies wäre gewiß ein brauchbarer Stoff für eine Tragödie, doch Buñuel hat für die Irrungen und Wirrungen im Liebesleben eines spanischen Großbürgers nur milden Spott übrig, er nimmt seinem Leiden jede Spur von Heroismus: eine totale Kritik bourgeoisen Verhaltens.

Einmal scheint der Liebhaber dem Ziel seiner Sehnsucht nahe wie nie. Da hat er die Angebetete in sein Schlafzimmer gelockt, sie liegt im Negligé im gemachten Bett, wird von ihm halb entblößt, doch am Ende bemerkt er ein unüberwindliches Hindernis: einen hundertfach verknoteten «Liebestöter». In einer Gesellschaft, in der alles erlaubt ist, gilt die Verweigerung für Buñuel als diejenige Haltung, die der Norm am ehesten opponiert.

Bei der Besetzung der Rolle der Conchita kam Buñuel ein merkwürdiger Einfall: Er ließ die Rolle von zwei Schauspielerinnen spielen, eine Variation des Dr.-Jekyll-und-Mr.-Hyde-Schemas, das durch die Doppelrolle zwei Aspekte derselben Figur veranschaulicht. Dies war nicht von Anfang an geplant, ursprünglich hatte Maria Schneider die Rolle der Conchita spielen sollen, doch Buñuel kam mit der äußerst schwierigen Schauspielerin nicht zurecht, man trennte sich in Unfrieden. Jetzt ist die Rolle mit Carole Bouquet und Angela Molina besetzt, zwei Frauen, die schwerlich miteinander zu verwechseln sind. Dies tut freilich Ma-

Luis Buñuel beim Filmfestival in San Sebastián, 1977

thieu in seinem Liebeswahn, womit sein Bewußtsein treffend charakterisiert ist. Der Einfall Buñuels bewirkt jedoch noch mehr. Er verstärkt jene Distanz zu dem Geschehen, die schon der ironische Erzählton mit sich bringt. Die Figurenkonstellation wirkt noch stärker typisiert, lädt noch weniger zur Identifikation ein. Der Zuschauer kann so dem Geschehen mit entspannter Aufmerksamkeit folgen: Er sieht ein Lehrstück, kein individuelles Seelendrama.

Zu der Offenheit dieser Dramaturgie gehört auch die Verwendung des von den Surrealisten so geschätzten Zufalls. Buñuel bemüht sich erst gar nicht um eine logische Verknüpfung der verschiedenen Episoden, der Zufall bringt Mathieu und Conchita immer wieder zusammen, und es ist das Prinzip vollkommener Willkür, das die Lage des Mannes so ausweglos macht. So erliegt Mathieu einem doppelten Fluch: Er ist unfähig, die Frau, die er liebt, ins Bett zu bringen, die absurde Logik des Zufalls jedoch sorgt dafür, daß er ausgerechnet dieser Frau immer wieder begegnet.

Obwohl der Film im Detail nichts symbolisieren will, ist er insgesamt doch das Symbol einer sexualisierten Massenkultur, die alles verspricht und nichts einlöst, deren Verlockungen im gleichen Maße bloßer Schein bleiben wie die Conchitas für Mathieu. Gemeinsam ist beiden auch der Irrglaube, selbst Glück sei käuflich.

Den Film durchziehen leitmotivisch Bilder des Terrors. Auch Conchita, so werden wir nach und nach gewahr, gehört mit undeutlicher Funktion

Angela Molina und Fernando Rey in «Dieses obskure Objekt der Begierde»

Buñuel mit Fernando Rey bei den Dreharbeiten zu
«Dieses obskure Objekt der Begierde»

einer Terrorgruppe an, die sich «Bewaffnete Revolutionsgruppe der Kinder Jesu» nennt. Die moralische Position dieses Terrorismus scheint damit präzise gefaßt: Man läßt sich aushalten und bestraft dafür das System.

Ein Alterswerk? Gewiß, aber keines, das sentimental das Dilemma des Alterns beredet, sondern ein Film von distanzierter Heiterkeit. Bu-

ñuel nimmt weder sich noch die Welt mehr so recht ernst: ein beneidens-
werter Zustand.

In der Geschichte des Films gibt es zahlreiche Regisseure, die sich gegen den Lauf der Zeit zu stemmen suchen, die sich weigern, wahrzuneh-
men, daß einstmals erfolgreiche Stilmittel und Sujets – etwa die des
Neorealismus – verschlissen werden können, weil sie einer neuen Wirk-

Buñuel mit Alfred Hitchcock bei einem Empfang, der ihm zu Ehren in Hollywood gegeben wurde

lichkeit nicht mehr entsprechen. Dieser Aufstand gegen die Zeit kann in seiner Vergeblichkeit oft tragische Würde haben. Wir schätzen den Gestus des Trotzes freilich meist mehr als die Filme, die ihm entspringen. Aber es gibt einen zweiten Regisseurtyp, der mit den Stilmitteln seiner eigenen Jugendjahre später eher lax umgeht: Ihre ästhetischen Prinzipien beargwöhnen wir, ihre Filme aber goutieren wir. Zu diesem zweiten, wandlungsfähigen Typ gehört Luis Buñuel. Sein jüngster Film hat es wieder bewiesen.

Das obskure Objekt der Begierde lief 1978 bei den Filmfestspielen von San Sebastián. Zum erstenmal seit fast vierzig Jahren war Buñuel wieder «offiziell» in Spanien. Sichtlich ergriffen nahm er, der bis dahin bei seinen Reisen in die Heimat Publizität eher vermieden hatte, die Ovationen des Publikums entgegen. Als er *Tristana* in Spanien verfilmt hatte, hatte ihm dies noch Ärger mit der spanischen Linken eingebracht. Man warf ihm vor, er genieße Freiheiten, die anderen spanischen Regisseuren verwehrt blieben. «Cela s'appelle ... la soumission» (So was nennt man Unterwerfung), höhnten spanische Linksintellektuelle, einen Buñuel-Titel bissig variierend. In San Sebastián war dies alles vergessen: Luis Buñuel wurde als das gefeiert, was er ist: Republikaner und Demokrat.

Luis Buñuel

Anmerkungen

1 Zit. n. J. Francisco Aranda: «Luis Buñuel. A Critical Biography». London 1975. S. 219 (Übersetzung des Autors = ÜdA)
2 Walter Haubrich: «Seine Freunde, seine Feinde». In: «Frankfurter Allgemeine Zeitung» vom 15. Oktober 1977
3 Wilfried Berghahn: «Die Glocken läuteten immerzu». In: «Filmkritik» (München), Nr. 5/63, S. 212
4 Conchita Buñuel-García: «Mein Bruder Luis». In: «Filmkritik» Nr. 5/63, S. 220
5 Die autobiographischen Notizen schrieb Buñuel für den internen Gebrauch des New Yorker Museum of Modern Art. Sie sind bislang unveröffentlicht und auszugsweise in der Biographie von Francisco Aranda zitiert.
6 Conchita Buñuel-García, a. a. O., S. 217 f
7 Buñuel, «Autobiographische Notizen», zit. n. Aranda, a. a. O., S. 21 (ÜdA)
8 Conchita Buñuel-García, a. a. O., S. 218
9 Buñuel, «Autobiographische Notizen», zit. n. Aranda, a. a. O. (ÜdA)
10 Ebd., S. 22 (ÜdA)
11 André Bazin und Jacques Doniol-Valcroze: «Gespräch mit Luis Buñuel», zit. n.: «Der Film. Manifeste, Gespräche, Dokumente». Hg. von Theodor Kotulla. Band 2: 1945 bis heute. München 1964. S. 256
12 François de Montferrand: «Gespräch mit Buñuel». In: «Radio, Cinema, Television» vom 20. Juni 1954, zit. n.: Ado Kyrou, «Luis Buñuel, An Introduction». New York 1963. S. 117
13 Buñuel, «Autobiographische Notizen», zit. n.: Aranda, a. a. O., S. 21 (ÜdA)
14 Vgl. Wolfgang J. Mommsen: «Das Zeitalter des Imperialismus». Frankfurt a. M.–Hamburg 1969 (= Fischer Weltgeschichte. Bd. 28). S. 116 f
15 Salvador de Madariaga: «Spanien. Wesen und Wandlung». Stuttgart 1955. S. 68 f
16 Salvador Dalí: «So wird man Dalí». Wien–München 1974 (= Molden-Taschenbuch). S. 58
17 Ebd.
18 Ebd., S. 59
19 Buñuel, «Autobiographische Notizen», zit. n.: Aranda, a. a. O., S. 28 (ÜdA)
20 Pierre Courthion: «Paris. Geschichte einer Weltstadt». Paris 1974. S. 258
21 Dalí, a. a. O., S. 83
22 Paul Cohen-Portheim: «Paris». Berlin 1930. S. 90
23 Berghahn, a. a. O., S. 213
24 Buñuel, «Autobiographische Notizen», zit. n. Aranda, a. a. O., S. 30 (ÜdA)

25 M. Torres, Vincente Molina, Foix, M. P. Estremara und C. R. Sanz: «Gespräch mit Buñuel» (1967), zit. n.: «Belle de Jour», Modern Film Scripts. London 1971. S. 8 (ÜdA)
26 Buñuel, «Autobiographische Notizen», zit. n.: Aranda, a. a. O., (ÜdA)
27 Berghahn, a. a. O.
28 Salvador Dalí: «Unabhängigkeitserklärung der Phantasie und Erklärung der Rechte des Menschen auf seine Verrücktheit. Gesammelte Schriften». München 1974. S. 86
29 Luis Buñuel: «Kritik über Abel Gances Film ‹Napoleon Bonaparte›», zit. n.: «Filmkritik» Nr. 11/1965, S. 617
30 Luis Buñuel: «Kritik über Buster Keaton in dem Film ‹Der Musterschüler›», zit. n.: «Filmkritik» Nr. 11/1965, S. 619
31 Zit. n. Aranda, a. a. O., S. 34 (ÜdA)
32 Zit. n.: Jerzy Toeplitz: «Geschichte des Films 1895–1928». München 1973. S. 266
33 Ebd.
34 Luis Buñuel: «Poesie und Film», zit. n.: «Der Film», a. a. O., S. 265
35 Elena Poniatowska, Gespräch mit Luis Buñuel in: «Revista de la Universad de México», Januar 1961, zit. n.: «Filmkritik» Nr. 11/1965, S. 620
36 Buñuel, Autobiographische Notizen, zit. n.: Aranda, a. a. O., S. 56 (ÜdA)
37 Dalí, «So wird man Dalí», a. a. O., S. 85
38 Fleur Cowles: «Der Fall Dalí». Zit. n.: «Luis Buñuel. Eine Dokumentation». Hg. vom Verband der deutschen Filmclubs e. V. Bad Ems 1965. S. A 32
39 Zit. n.: Aranda, a. a. O., S. 59 (ÜdA)
40 Ebd., S. 60 (ÜdA)
41 Luis Buñuel und Salvador Dalí: «Ein andalusischer Hund» (Drehbuch). Zit. n.: Dalí, «Unabhängigkeitserklärung», a. a. O., S. 93 f
42 Dalí, «So wird man Dalí», a. a. O., S. 86
43 Ebd.
44 Zit. n.: «Luis Buñuel. Eine Dokumentation», a. a. O., S. A 35
45 Ebd.
46 Dalí, «So wird man Dalí», a. a. O.
47 Elena Poniatowska, Gespräch mit Buñuel, zit. n.: «Luis Buñuel. Eine Dokumentation», a. a. O., S. A 35
48 Zit. n.: Dalí, «Unabhängigkeitserklärung», a. a. O., S. 93
49 Vgl. J. H. Matthews: «Surrealism and Film». Michigan 1971. S. 84 f
50 André Breton: «Die Manifeste des Surrealismus». Reinbek 1977 (= das neue buch Bd. 95). S. 26 f
51 Salvador Dalí: «Moralische Positionen des Surrealismus» in: Dalí, «Unabhängigkeitserklärung», a. a. O., S. 25
52 Zit. n.: Aranda. a. a. O., S. 47 (ÜdA)
53 Zit. n.: Haubrich, a. a. O.
54 Zit. n.: Dalí, «Unabhängigkeitserklärung», a. a. O., S. 87
55 Peter Gorsen: «Der ‹kritische Paranoiker›. Kommentar und Rückblick». In: Dalí, «Unabhängigkeitserklärung», a. a. O., S. 403
56 Zit. n.: Aranda, a. a. O., S. 88 (ÜdA)
57 Dalí, «So wird man Dalí», a. a. O., S. 93
58 Bazin und Donio-Valcroze, zit. n.: «Der Film», a. a. O., S. 259

59 Zit. n.: Aranda, a. a. O., S. 64

60 Hans Richter, zit. n.: «Luis Buñuel. Eine Dokumentation», a. a. O., S. A 44f

61 Zit. n.: Toeplitz, a. a. O., S. 327

62 Zit. n.: Dalí, «Gesammelte Schriften», a. a. O., S. 98

63 Mallorkiner: Bewohner der Insel Mallorca (Spanien)

64 Zit. n.: Herbert Marcuse, «Triebstruktur und Gesellschaft». Frankfurt a.M. 1973

65 Buñuels und Dalís zweiter Film sollte jene Gags enthalten, die für *Der andalusische Hund* ersonnen, aber nicht verwendet worden waren. «La Bête andalouse» sollte der Titel dieses Films werden.

66 Aranda, a. a. O., S. 69 (ÜdA)

67 Dalí, «So wird man Dalí», a. a. O., S. 121

68 Ebd., S. 131

69 Zit. n.: Maurice Nadeau, «Geschichte des Surrealismus». Reinbek 1965 (= rde 240). S. 81

70 Ebd., S. 99

71 Ebd., S. 160

72 Berghahn, a. a. O., S. 216

73 Manifest der Surrealisten zu *Das goldene Zeitalter*, zit. n.: Dalí, «Gesammelte Schriften», a. a. O., S. 104

74 Manuel Michel, Interview mit Luis Buñuel, in: Ulrich Gregor, «Wie sie filmen». Gütersloh 1966. S. 96f

75 Bazin und Doniol-Valcroze, a. a. O., S. 249

76 Salvador Dalí: «Abriß einer kritischen Filmgeschichte». In: Dalí, «Gesammelte Schriften», a. a. O., S. 112

77 Bazin und Doniol-Valcroze, a. a. O., S. 250

78 Ebd.

79 Ebd.

80 Ebd., S. 251

81 Berghahn, a. a. O., S. 214

82 Gespräch mit Luis Buñuel im New Yorker Museum of Modern Art am 10. April 1940

83 Vgl. Walter Benjamin: «Geschichtsphilosophische Thesen». In: Benjamin, «Illuminationen», S. 268f

84 Bazin und Doniol-Valcroze, a. a. O., S. 251

85 Ebd., S. 252

86 Juan Luis Buñuel wurde am 9. November 1934 in Paris geboren. Er war Regieassistent bei Orson Welles, Louis Malle, Barde Verneuil, und Luis Buñuel. 1973 drehte er seinen ersten Film «Rendezvous zum fröhlichen Tod». Zwei Jahre später folgte «Eleonore». Juan Luis Buñuel hat sich auch als Bildhauer einen Namen gemacht.

87 Bazin und Doniol-Valcroze, a. a. O., S. 252

88 Ebd.

89 Ebd.

90 Zit. n.: Aranda, a. a. O., S. 126 (ÜdA)

91 Bazin und Doniol-Valcroze, a. a. O., S. 253

92 Gespräch mit Buñuel, Alcoriza und Fuentes in: «Filmkritik» Nr. 6/1966, S. 313

93 Manuel Michel: «Der mexikanische Film», zit. n.: «Filmstudio» (Frankfurt a. M.) Nr. 51, S. 37

94 Bazin und Doniol-Valcroze, a. a. O., S. 256

95 Marcel Martin: «L'Œuvre de Luis Buñuel» in: «L'Avant-Scène du Cinema» No. 3., April 1964, zit. n.: «Luis Buñuel. Eine Dokumentation», a. a. O., S. A 54

96 Zit. n.: «Luis Buñuel. Eine Dokumentation», a. a. O., S. A 57

97 Derek Prouse: «Interviewing Buñuel» in: «Sight and Sound» Vol. 29. No. 3, Summer 1960, zit. n.: «Luis Buñuel. Eine Dokumentation», a. a. O., S. A 59

98 Berghahn, a. a. O., S. 216

99 Manuel Michel, zit. n.: Gregor, a. a. O., S. 98

100 Berghahn, a. a. O., S. 216

101 Zit. n.: Aranda, a. a. O., S. 144 (ÜdA)

102 Elena Poniatowska, zit. n.: «Luis Buñuel. Eine Dokumentation», a. a. O., S. A 74

103 Manuel Michel, zit. n.: Gregor, a. a. O., S. 95

104 Bazin und Doniol-Valcroze, a. a. O., S. 256 f

105 Ebd., S. 258

106 Ebd.

107 Herbert Marcuse: «Über den affirmativen Charakter der Kultur». In: Marcuse, «Kultur und Gesellschaft». Frankfurt a. M. 1967. S. 79

108 Bazin und Doniol-Valcroze, a. a. O., S. 256

109 Zit. n.: Aranda, a. a. O., S. 169 (ÜdA)

110 Jean Giraudoux: «Dramen» Band II. Hg. von Otto F. Best in Verbindung mit Jean-Pierre Giraudoux. Frankfurt a. M. 1961. S. 108

111 Ebd.

112 Jean de Baroncelli: «Brève recontre avec Luis Buñuel» in «Le Monde» vom 16. Dezember 1956, zit. n.: «Luis Buñuel. Eine Dokumentation», a. a. O., S. A 61

113 Michèle Manceaux: «Athée grâce à Dieu» in: «L'Express», vom 18. Mai 1960, zit. n.: «Luis Buñuel. Eine Dokumentation», a. a. O., S. A 76

114 Berghahn, a. a. O., S. 214 f

115 Ebd., S. 215

116 Michèle Manceaux, zit. n.: «Luis Buñuel. Eine Dokumentation», a. a. O.

117 Georges Sadoul: «À bas les films noirs! Je les déteste!» in: «Les Lettres Françaises» Nr. 818 vom 1. Juni 1961, zit. n.: «Luis Buñuel. Eine Dokumentation», a. a. O., S. A 62

118 Elena Poniatowska, zit. n.: «Luis Buñuel. Eine Dokumentation», a. a. O., S. A 62

119 Ebd.

120 Zit. n.: Aranda, a. a. O., S. 191 (ÜdA)

121 Ebd.

122 Yvonne Baby: «Luis Buñuel nous parle de son dernier film ‹Viridiana›» in: «Le Monde» vom 1. Juni 1961, zit. n.: «Luis Buñuel. Eine Dokumentation», a. a. O., S. A 64

123 Zit. n.: Aranda, a. a. O., S. 192 (ÜdA)

124 Yvonne Baby, zit. n.: «Luis Buñuel. Eine Dokumentation», a. a. O., S. A 64

125 Ebd.

126 Ebd., S. A 65

127 Zit. n.: Aranda, a. a. O., S. 205 (ÜdA)
128 Bertolt Brecht: «Gesammelte Werke» Band I. Frankfurt a. M. 1967. S. 783
129 Conchita Buñuel-García: «Mon frère Luis» in: «Positif» Nr. 42, November 1961, zit. n.: «Luis Buñuel. Eine Dokumentation», a. a. O., S. A 65
130 Vorspann zu dem Film *Der Würgeengel*
131 Zit. n.: Aranda, a. a. O., S. 212 (ÜdA)
132 Ebd.
133 Zit. n.: Gregor, a. a. O., S. 93
134 Breton, «Die Manifeste des Surrealismus», a. a. O., S. 19
135 «Pour Buñuel». Hg. von Cercle de Cinéma de L'Aget, Toulouse, März 1964, zit. n.: «Luis Buñuel. Eine Dokumentation», a. a. O., S. A 66
136 Ebd.
137 Zit. n.: Aranda, a. a. O., S. (ÜdA)
138 Conchita Buñuel-García, zit. n.: «Luis Buñuel. Eine Dokumentation», a. a. O., S. A 63
139 J. Francisco Aranda: «Gespräch mit Buñuel» in: «Filmkritik» Juni 1963, S. 264
140 Jacques Rivette in: «Zwischen den Zeilen des ‹Tagebuchs› – ein Round-Table Gespräch», zit. n.: «Luis Buñuel. Eine Dokumentation», a. a. O., S. B 122
141 «Dans l'antichambre de Buñuel. Interview mit Jean-Claude Carrière» in: Cinéma 84, März 1964, zit. n.: «Luis Buñuel. Eine Dokumentation», a. a. O., S. A 71
142 «Pour Buñuel», zit. n.: «Luis Buñuel. Eine Dokumentation», a. a. O., S. A 75
143 Ebd.
144 Zit. n.: «Filmkritik» Juni 1963, S. 220
145 «Pour Buñuel», zit. n.: «Luis Buñuel. Eine Dokumentation», a. a. O.
146 Jacques Goimard: «Quelqes réflexion sur Buñuel et la Christianisme à propos de ‹Simon de désert›» in: «Positif» Nr. 108, September 1969, zit. n.: Freddy Buache, «The cinema of Luis Buñuel». London 1973. S. 154
147 Zit. n.: Aranda, a. a. O., S. 232 (ÜdA)
148 Ebd.
149 Luis Buñuel: «Poesie und Film», zit. n.: «Der Film», a. a. O., S. 265
150 Zit. n.: Wolfram Schütte in: «Frankfurter Rundschau»
151 Manuel Michel, zit. n.: Gregor, a. a. O., S. 96
152 Zit. n.: Aranda, a. a. O., S. 228 (ÜdA)
153 Vgl. Wilfried Wiegand: «Schönheit, die an sich selbst erstickt. Zum Tode des italienischen Film- und Bühnenregisseurs Luchino Visconti» in: «Frankfurter Allgemeine Zeitung» vom 19. März 1976
154 Buñuel, «Poesie und Film» zit. n.: «Der Film», a. a. O.
155 Roxane Saint-Jean: Interview mit Buñuel, zit. n.: Peter W. Jansen und Wolfram Schütte, «Luis Buñuel». München 1975. S. 54
156 Ebd., S. 55
157 Zit. n.: «Frankfurter Allgemeine Zeitung» vom 18. Mai 1973
158 Ebd.
159 Zit. n.: Aranda, a. a. O., S. 248 (ÜdA)
160 Ebd.
161 Roxane Saint-Jean, zit. n.: Schütte und Jansen, a. a. O., S. 54
162 Ebd., S. 58

Zeittafel

1900 Am 22. Februar wird Luis Buñuel in Calanda (Spanien) als ältestes von sieben Kinder geboren

1917 Immatrikulation an der Madrider Universität. Buñuel beginnt Landwirtschaft zu studieren; nach mißlungenen Prüfungen schreibt er sich für Literatur und Philosophie ein

1920 Studienabschluß und Beginn eines naturwissenschaftlichen Studiums. Daneben Arbeit an der entomologischen Abteilung des naturwissenschaftlichen Museums von Madrid

1923 Buñuel geht nach Paris

1926 Regie bei der Uraufführung von Manuel del Fallas Oper «El Retablo de Maese Pedro» in Amsterdam. Regieassistenz bei Jean Epsteins Film «Mauprat»

1928 Regieassistenz bei Jean Epsteins Film «La Chute de la Maison Usher»

1929 Buñuel und Dalís Film *Der andalusische Hund* wird im Pariser «Cinéma des Ursulines» uraufgeführt. Buñuel und Dalí schließen sich der Pariser Gruppe der Surrealisten an

1930 Im Oktober wird *L'Âge d'or* im Pariser Kino «Studio 28» uraufgeführt. Anfang Dezember kommt es zu organisierten Störungen, am 10. Dezember wird der Film verboten, am 11. Dezember werden alle Kopien eingezogen. Zu dieser Zeit befindet sich Buñuel auf Einladung des amerikanischen Filmkonzerns MGM in Hollywood

1931 In Spanien wird die Republik proklamiert, und Buñuel kehrt in die Heimat zurück

1932 Im Frühjahr dreht Buñuel den Dokumentarfilm *Las Hurdes*, dessen Aufführung von der Regierung der spanischen Republik verhindert wird

1933 Synchronisationsarbeiten für den amerikanischen Filmkonzern Paramount

1934 Überwachung der spanischen Produktion von Warner Brothers

1935 Produktionsleiter der spanischen Filmfono, für die Buñuel vier Filme betreut

1937 Beginn des spanischen Bürgerkriegs. Buñuel geht nach Paris und stellt aus Wochenschaumaterial den Dokumentarfilm «España Leal en Armas/Espagne» zusammen

1938 Buñuel geht nach Hollywood, um als technischer Ratgeber die Herstellung zweier Filme über die spanische Republik zu überwachen

1939 Im New Yorker Museum of Modern Art bearbeitet Buñuel die lateinamerikanischen Fassungen von Dokumentarfilmen

1942 Das Museum of Modern Art muß Buñuel entlassen, weil Dalí ihn in einem Buch als Kommunisten und Atheisten denunziert hatte

1943 Buñuel arbeitet für die «American Engineers» als Kommentator von Armeefilmen

1944 Bis 1946 war Buñuel Produktionsleiter spanischer Fassungen von Filmen des Konzerns Warner Brothers

1946 Denis Tual lädt Buñuel nach Mexiko ein, um über die Verfilmung von García Lorcas «Bernarda Albas Haus» zu verhandeln

1947 Für den Produzenten Oscar Danciger realisiert Buñuel die Musikkomödie *Gran Casino*

1949 Die Komödie *El gran calavera* wird ein großer kommerzieller Erfolg

1950 *Los Olvidados*, *Susana*

1951 *La hija del engaño, Cuando los hijos nos juzgan, Subida al cielo.* Bei den Filmfestspielen von Cannes erhält Buñuel für *Los Olvidados* den Preis für die beste Regieleistung

1952 *El Bruto, Las aventuras de Robinsón Crusoe, El. Subida al cielo (Der Weg, der zum Himmel führt)* erhält in Paris den Preis für den besten Avantgarde-Film, in Cannes den FIPRESCI-Preis

1953 *Abismos de pasion, La ilusión viaja en tranvía*

1954 *El río y la muerte*

1955 *Ensayo de un crimen.* Nach diesem Film reist Buñuel von Mexiko nach Frankreich, wo er *Cela s'appelle l'aurore* dreht

1956 Buñuel dreht in Mexiko *La mort en ce jardin*

1958 *Nazarín*

1959 *La fièvre monte à El Pao.* In Cannes erhält Buñuel für *Nazarín* die «Goldene Palme»

1960 *The Young One*, eine mexikanisch-amerikanische Koproduktion

1961 Buñuel kehrt nach Spanien zurück, um dort *Viridiana* zu realisieren. *Viridiana* erhält in Cannes die «Goldene Palme»

1962 In Mexiko dreht Buñuel *El ángel exterminador*

1963 Beginn der langjährigen Zusammenarbeit mit dem Produzenten Serge Silberman und dem Drehbuchautor Jean-Claude Carrière bei *Le Journal d'une femme de chambre*

1965 *Simón del desierto* wird Buñuels letzter mexikanischer Film. Da dem Produzenten Gustavo Alatriste das Geld ausgeht, entsteht nur ein halblanger Film, der bei den Filmfestspielen von Venedig dennoch den «Silbernen Löwen» erhält

1966 *Belle de Jour*

1967 Bei den Filmfestspielen von Venedig erhält Buñuel für *Belle de Jour* den Hauptpreis

1969 *La Voie lactée*

1970 *Tristana*

1972 *Le Charme discret de la bourgeoisie*

1974 *La Fantôme de la Liberté*

1978 *Cet obscur objet du désir*

Zeugnisse

Er spielt mit dem Film wie Bach mit der Orgel.

Jean-Luc Godard

Er ist von großer Geduld. Er redet gern. Er hat übernatürliche Kräfte. Ich habe es erlebt, daß er während einer Besprechung, die wir in einem Madrider Restaurant hatten, eine Frau, die kilometerweit entfernt wohnte, allein durch seinen Willen dazu brachte, in dieses Lokal zu kommen.

Jean-Claude Carrière

Ich glaube, daß es wenige Leute gibt, die spontan bestreiten, daß Luis Buñuel ein Platz in der Galerie der großen Filmschöpfer gebührt.

John Russel Taylor

Buñuel ist ein Mann, der mit Dynamit um sich schmeißt ... Er ist besessen von der Grausamkeit, der Dummheit und dem Aberglauben, die unter den Menschen herrschen. Er sieht keine Hoffnung für die Menschheit, nirgendwo auf dieser Welt, es sei denn, man könnte die Erde wie eine Schiefertafel abwischen. Vielleicht ist es das bizarre Element des menschlichen Daseins, oder vielmehr des Lebens der zivilisierten Menschheit, das in Buñuels Werk als Grausamkeit und Sadismus erscheint. Es ist nämlich Buñuels großartige Stärke, daß er sich von dem glitzernden Gewebe aus Logik und Idealismus nicht einspinnen läßt, mit dem uns die wahre Natur des Menschen verschleiert werden soll. Vielleicht ist Buñuel – wie Lawrence – nur ein verhüllter Idealist. Vielleicht ist es seine große Zartheit, die großartige Reinheit, die Poesie seiner Phantasie, die ihn zwingen, das Abscheuliche und die Macht des Bösen zu offenbaren.

Henry Miller

Manchmal allerdings gelingt es dem Künstler, die speziellen Begrenztheiten seines Ausdrucksmittels zu durchbrechen, und er bietet uns ein Werk an, das jenseits dieser Dimensionen liegt, in einer viel weiteren freieren Sphäre. Einige der Filme Buñuels (beispielsweise *L'Âge d'or*,

Los Olvidados, Robinsón Crusoe und *Nazarín*) erschließen uns – ohne «unfilmisch» zu sein – andere Sphären des Geistes: bestimmte Bilder von Goya, einige Gedichte von Quevedo oder Peret, ein Abschnitt aus de Sade, eine Absurdität von Valle-Inclán, eine Episode von Cervantes.

Man kann Buñuels Schöpfungen sehen und beurteilen als «Filme», man kann sie aber auch wie Werke sehen, die dem weiteren und beständigeren Universum der Meisterwerke angehören, die die menschlichen Gegebenheiten bloßlegen und einen Weg zeigen, der über diese Gegebenheiten hinausführt. Den Hindernissen zum Trotz, die sich in unserer Welt einem solchen Unternehmen in den Weg stellen, errichtet Buñuel einen Doppel-Bogen: den der Schönheit und den der Rebellion.

Octavio Paz

Filmographie

1928 *Un Chien andalou* [Ein andalusischer Hund]
Buch: Luis Buñuel, Salvador Dalí. Kamera: Albert Duverger. Musik: dem ursprünglich stummen Film wurde 1960 Musik unterlegt mit Motiven aus «Tristan und Isolde» und einem argentinischen Tango. Darsteller: Pierre Batcheff, Simone Maureuil, Salvador Dalí, Jaime Miravilles. Produktion: Luis Buñuel, Paris.

1930 *L'Âge d'or* [Das goldene Zeitalter]
Buch: Luis Buñuel, Salvador Dalí. Kamera: Albert Duverger. Schnitt: Luis Buñuel. Musik: Georges van Parys, Motive von Beethoven, Mozart, Mendelssohn Bartholdy, Debussy, Wagner, aus einem Pasadoble. Darsteller: Lya Lys (die Frau), Gaston Madot (der Mann), Pierre Prévert (Péman, ein Räuber), Caridad de Laberdes, Pancho Cossio, Liorens Artyas, Lionel Salem, Valentine Hugo, Max Ernst, Marie Berthe Ernst, Jacques Brunius, Simone Cottance, Pruna, Duchange, Paul Éluard, Ibanez, Mme. Noizet. Produktion: Vicomte de Noailles, Paris.

1932 *Las Hurdes/Tierra sin pan*
Buch: Luis Buñuel, angeregt durch ein Buch von Maurice Legendre. Kommentar: Luis Buñuel, Pierre Unik, gesprochen von Abel Jacquin. Kamera: Eli Lotar. Schnitt: Luis Buñuel, Musik: aus der «Vierten Symphonie» von Johannes Brahms (in der vertonten Fassung von 1937). Regieassistenz: Rafael Sánchez Ventura, Pierre Unik. Produktion: Ramón Acín, Spanien.

1946/47 *Gran Casino*
Buch: Mauricio Magdaleno, nach dem Roman «El rugido del paraíso» von Michel Veber. Kamera: Jack Draper. Schnitt: Gloria Schoemann. Musik: Manuel Esperón (Lieder von Francisco Canaro, Mariano Mores, A. G. Villoldo, Francisco Alonso, F. Vigil). Produktion: Oscar Dancigers.

1949 *El gran calavera*
Buch: Raquel und Luis Alcoriza, nach einer Komödie von Adolfo Torrado. Kamera: Ezequiel Carrasco. Schnitt: Carlos Savage. Musik: Manuel Esperón. Regieassistenz: Moisés M. Delgado. Darsteller: Fernando Soler (Don Ramiro), Rosario Granados (Virginia), Rubén Rojo (Pablo), Andrés Soler (Ladislao), Maruja Grifell (Milagros), Gustavo Rojo (Eduardo), Luis Alcoriza (Alfredo), Francisco Jambrina (Gregorio), Antonio Bravo (Alfonso), Antonio Monsell (Juan, Majordomus), Nicolaś Rodriguez (Carmelito), Maía Luisa Serrano. Produktion: Ultramar Films, Mexiko. Produzent: Fernando Soler, Oscar Dancigers.

1950 *Los olvidados* [Die Vergessenen]

Buch: Luis Buñuel, Luis Alcoriza; Mitarbeit: Max Aub, Pedro de Urdimales. Kamera: Gabriel Figueroa. Schnitt: Carlos Savage. Musik: Rodolfo Halffter, mit Themen von Gustavo Pittaluga. Regieassistenz: Ignacio Villarreal. Darsteller: Alfonso Mejía (Pedro), Roberto Cobo (El Jaibo), Stella Inda (Marta, Pedros Mutter), Miguel Inclán (Don Carmelo, der Blinde), Alma Delia Fuentes (Meche), Héctor López Portillo (Richter), Francisco Jambrina (Direktor der Reformschule), Efraín Arauz (Cacarizo), Javier Amezcua (Julián), Mario Ramírez (Ojitos), Salvador Quiros (Schmied), Jesús García Navarro (Juliáns Vater), Juan Villegas (Cacarizos Großvater), Ángel Merino (Carlos, Assistent des Direktors), Daniel Corona/Roberto Navarrete (Straßenjungen), Antonio Martínez (kleines Kind), Ramón Martínez (Nacho, Pedros Bruder), Antulio Jiménez Pons (Verkäufer), Diana Ochoa (Cacarizos Mutter), Humberto Mosti (Beamter), José Moreno Fúentes (Polizist), Juan Domínguez (Beamter), Pepe Loza/Rubén Campos/José Lopez (Armenhäusler), Ignacio Solórzano (Schausteller), Victorio Blanco (alter Mann auf dem Markt), Ramón Sánchez (Kuchenverkäufer), Francisco Muller (Mendoza), Enedina Díaz de León (Tortillaverkäuferin), Charles Rooner (eleganter Homosexueller), Jorge Peréz (Pelón), Inés Murillo, Rosa Pérez, Patricia Jiménez Pons, Miguel Funes jr., José Luis Echeverría, die Stimme von Ernesto Alonso. Produktion: Ultramar Films, Mexiko. Produzent: Oscar Dancigers.

1950 *Susana (Carne y demonio)* [Susanne, Tochter des Lasters]
Buch: Luis Buñuel, nach einer Geschichte von Manuel Reachi; Dialoge: Jaime Salvador, Rodolfo Usigli. Kamera: José Ortiz Ramos. Schnitt: Jorge Bustos. Musik: Raúl Lavista. Regieassistenz: Ignacio Villarreal. Darsteller: Rosita Quintana (Susana), Fernando Soler (Don Guadalupe), Matilde Palou (Doña Carmen), Víctor Manuel Mendoza (Jesús), María Gentil Arcos (Felisa, die alte Dienerin), Luis López Somoza (Alberto, der Sohn), Produktion: International Cinematográfica S. A. Mexiko. Produzent: Sergio Kogan.

1951 *La hije del engaño (Don Quintín, el amargao)*
Buch: Raquel und Luis Alcoriza, nach «Don Quintín, el amargao» von Carlos Arniches. Kamera: José Ortiz Ramos. Schnitt: Carlos Savage. Musik: Manuel Esperón. Regieassistenz: Mario Llorca. Darsteller: Fernando Soler (Don Quintín Guzmán), Alicia Caro (Marta), Rubén Rojo (Paco), Nacho Contla (Jonrón), Fernando Soto (Angelito), Lily Aclemar (Jovita), Amparo Garrido (María), Álvaro Matute (Julio), Roberto Meyer (Lencho García), Conchita Gentil Arcos (Toña), Francisco Ledesma (Cafébesitzer), Salvador Quiroz (Bahnhofsvorsteher), Xavier Loyá (junger Spieler), José Escanero (Spieler), Hernán Vera (Lenchos Freund), Victorio Blancho (Mitspieler von Don Quintín), Ignacio Peón (Gast im Café), Pepe Martínez (Kneipenwirt), Jesús Rodriguez. Produktion: Ultramar Films. S. A., Mexiko. Produzent: Oscar Dancigers.

1951 *Una mujer sin amor*
Buch: Jaime Salvador, nach dem Roman «Pierre et Jean» von Guy de Maupassant. Kamera: Raúl Martínez Solares. Schnitt: Jorge Bustos. Musik: Raúl Lavista. Regieassistenz: Mario Llorca. Darsteller: Rosario Granados (Rosario), Julio Villarreal (Don Carlos Montero), Tito Junco (Julio Mistral), Joaquín Cordero (Carlos), Jaime Calpe (Carlitos), Elda Peralta (Luisa), Xavier Loyá (Miguel), Miguel Manzano, Eva Calvo. Produktion: Internacional Cinematográfica S. A., Mexiko. Produzent: Sergio Kogan.

1951 *Subida al cielo* [Der Weg der zum Himmel führt]
Buch: Juan de la Cabada, Manuel Altolaguirre, Luis Buñuel, nach einer Ge-
schichte von Manuel Altolaguirre; Dialoge: Juan de la Cabado, Lilia Solano
Galeana. Kamera: Alex Phillips. Schnitt: Rafael Portillo. Musik: Gustavo Pit-
taluga. Regieassistenz: Jorge López Portillo. Darsteller: Lilia Prado (Raquel),
Esteban Márquez (Oliverio Grajales), Carmen Gonzáles (Albina, Oliverios
Frau), Manuel Dondé (Don Eladio, Abgeordneter), Roberto Cobo (Juan),
Luis Aceves Castañeda (Silvestre, Busfahrer), Beatriz Ramos (Elisa, Wöchne-
rin), Manuel Noriega (Notar), Roberto Meyer (Don Nemesio Álvarez y Villal-
bazo), Pedro Elviro «Pitouto» (Hinkender), Pedro Ibarra (Manuel), Leonor
Gómez (Doña Linda), Chel López (Chema, Silvestres Freund), Paz Villegas
(Doña Ester), Paula Rendón (Doña Sixta, Silvestres Mutter), Víctor Pérez
(Felipe), Francisco Reiguera (Miguel Suárez, Geflügelverkäufer), Jorge Martí-
nez de Joyos (Fremdenführer), Salvador Quiroz (Lucillo Peña, Albinas Vater),
Cecilia Leger (Doña Clara, Albinas Mutter), Diana Ochoa (Manuels Frau),
José Muñoz (Don Estaban, Kommissar), Silvia Castro, Victoria Sastre, José
Jorge Pérez, Polo Ramos, Salvador Terroba. Produktion: Producciones Isla,
Mexiko. Produzent: Manuel Altolaguirre, María Luisa Gómez Mena.
1952 *El Bruto* [El Bruto, der Starke]
Buch: Luis Buñuel, Luis Alcoriza. Kamera: Agustín Jiménez. Schnitt: Jorge
Bustos. Musik: Raúl Lavista. Regieassistenz: Ignacio Villarreal. Darsteller:
Pedro Armendáriz (Pedro, genannt El Bruto), Katy Jurado (Paloma Cabrera),
Rosita Arenas (Meche), Adrés Soler (Andrés Cabrera), Roberto Meyer (Car-
melo González), Beatriz Ramos (Doña Marta), Paco Martínez (Don Pepe),
Gloria Mestre (María), Paz Villegas (Marías Mutter), José Muñoz (Lencho
Ruiz, Nachbar), Diana Ochoa (Lenchos Frau), Ignacio Villalbazo (Marías
Bruder), Joaquín Roche (Gerichtsschreiber), Guillermo Bravo Sosa (Hinken-
der), Jaime Fernández (Julián García, Nachbar), Lupe Carriles (Dienstmäd-
chen), Raquel García (Doña Enriqueta), José Chávez, Margarito Luna, Jorge
Ponce, Polo Ramos, Amelia Rivera, Efrain Arauz. Produktion: Internacional
Cinematográfica S. A., Mexiko). Produzent: Sergio Kogan.
1952 *Robinsón Crusoe / Adventures of Robinson Crusoe* [Robinson Crusoe]
Buch: Luis Buñuel, Phillip Ansel Roll, nach dem gleichnamigen Roman von
Daniel Defoe. Kamera: Alex Phillips. Schnitt: Carlos Savage, Alberto Valen-
zuela. Musik: Luis Hernández Bretón, Anthony Collins. Regieassistenz: Igna-
cio Villareal. Darsteller: Dan O'Herlihy (Robinson Crusoe), Jaime Fernández
(Freitag), Felipe de Alba (Captain Oberzo), Chel López (Bosun), José Chávez/
Emilio Garibay (Seeräuber). Produktion: Ultramar Films, Mexiko/United Ar-
tists, USA. Produzent: Oscar Dancigers.
1952/53 *El* [Er]
Buch: Luis Buñuel, Luis Alcoriza, nach dem Roman «Pensiamentos» von Mercedes Pinto. Kamera: Gabriel Figueroa. Schnitt: Carlos Savage. Musik: Luis
Hernández Bretón. Regieassistenz: Ignacio Villarreal. Darsteller: Arturo de
Córdova (Francisco Galván des Montemayor), Delia Garcés (Gloria), Luis Beristáin (Raúl Conde, Ingenieur), Aurora Walker (Señora Esperanza Peralta),
Carlos Martínez Baena (Pater Velasco), Fernando Casanova (Beltrán, Lizen-
siat), Manuel Dondé (Pablo, Majordomus), Rafael Banquells (Ricardo Lu-
ján), Antonio Bravo (Gast), León Barroso (Kellner), Carmen Dorronsoro de
Roces (Pianistin), José Muñoz, Manuel Casanueva, Álvaro Matute, Chel Ló-

pez. Produktion: Ultramar Films, Mexiko. Produzent: Oscar Dancigers.

1953 *Cumbres borrascosas/Abismos de pasión* [Abgründe der Leidenschaft]
Buch: Luis Buñuel, Arduino Maiuri, Julio Alejandro, nach dem Roman «Wuthering Heights» von Emily Brontë. Kamera: Agustín Jimenez. Schnitt: Carlos Savage. Musik: Raúl Lavista, unter Verwendung von Motiven aus Wagners «Tristan und Isolde». Regieassistenz: Ignacio Villarreal. Darsteller: Irasema Dilián (Catalina), Jorge Mistral (Alejandro), Lilia Prado (Isabel), Ernesto Alonso (Eduardo), Luis Aceves Castaneda (Ricardo), Francisco Reiguera (José, Diener), Hortensia Santoveña (Wirtschafterin), Jaime González (Jorge), Produktion: Producciones Tepeyac S. A., Mexiko. Produzent: Oscar Dancigers, Abelardo L. Rodríguez.

1953 *La ilusión viaja en tranvía* [Die Illusion fährt mit der Straßenbahn]
Buch: Mauricio de la Serna, José Revueltas, Juan de la Cabada, Luis Alcoriza, nach der Kurzgeschichte von Mauricio de la Serna. Kamera: Raúl Martínez Solares. Schnitt: Jorge Bustos. Musik: Luis Hernández Bretón. Regieassistenz: Ignacio Villarreal. Darsteller: Lilia Prado (Lupita), Carlos Navarro (Juan Caireles), Fernando Soto (Tarrajas), Agustín Isunza (Pinillos), Miguel Manzano (Don Manuel), Javier de la Parra (Verkehrspolizist), Guillermo Bravo Sosa (Braulio), Feline Montoja (Mechaniker) José Pidal (Professor), Paz Villegas (Doña Mechita), Diana Ochoa (Betschwester), Conchita Gentil Arcos (Betschwester), Víctor Alcocer (Tischler), José Chávez (Verkehrspolizist), Agusín Salmón (Angestellter), Manuel Noriega (Don Julio), Roberto Meyer (Don Arcadio), José Luis Moreno (Schüler), Hernán Vera (Schlachthofarbeiter), Víctor Blanco (Fahrgast), Pepe Martínez (Herzog von Otranto), Manuel Vergara (Schlachthofarbeiter), José Muñoz, Mario Valdés. Produktion: CLASA Films Mundiales S. A., Mexiko. Produzent: Armando Oriva Alba.

1954 *El río y la muerte* [Der Fluß des Todes]
Buch: Luis Buñuel, Luis Alcoriza, nach dem Roman «Muro blanco sobre roca negra» von Miguel Alvarez Acosta. Kamera: Raúl Martínez Solares. Schnitt: Jorge Bustos. Musik: Raúl Lavista. Regieassistenz: Ignacio Villarreal. Darsteller: Columba Domínguez (Mercedes), Miguel Torruco (Felipe Anguiano), Joaquín Cordero (Gerardo Anguiano), Jaime Fernández (Rómulo Menchaca), Víctor Alcocer (Polo Menchaca), Silvia Derbez (Elsa), Humberto Almazán (Crescencio Menchaca), Alfredo Varela jr. (Chinelas), José Elías Moreno (Don Nemesio), Carlos Martínez Baena (Don Julián, Geistlicher), Miguel Manzano (Don Anselmo, Bürgermeister), Manuel Dondé (Zozimo Anguiano), Jorge Arriaga (Filogonio Menchaca), Roberto Meyer (Doktor), Chel López (der ermordete Freund), José Muñoz (Don Honorio). Produktion: CLASA Films Mundiales S. A., Mexiko. Produzent: Armando Oriva Alba.

1955 *Ensayo de un crimen* [Das verbrecherische Leben des Archibaldo de la Cruz]
Buch: Luis Buñuel, Eduardo Ugarte Pages, nach dem Roman von Rodolfo Usigli. Kamera: Agustín Jiménez. Schnitt: Jorge Bustos. Musik: Jorge Pérez. Regieassistenz: Luis Abadie. Darsteller: Ernesto Alonso (Archibaldo de la Cruz), Miroslava Stern (Lavinia), Rita Macedo (Patricia Terrazas), Ariadna Welter (Carlota), Rodolfo Landa, Andrés Palma, Carlos Riquelme, José María Linares Rivas, Leonor Llausás, Eva Calvo, Carlos Martínez Baena, Roberto Meyer, Rafael Banquells jr., Enrique Indiano, Chabela Durain, Manuel Dondé, Armando Velasco, Produktion: Alianza Cinematográfica, S. A., Me-

xiko. Produzent: Alfonso Patiño Gómez.

1955 *Cela s'appelle l'aurore/Amanti di domani* [Morgenröte]
Buch: Luis Buñuel, Jean Ferry, nach dem Roman von Emmanuel Roblès; Dialoge: Jean Ferry. Kamera: Robert Lefebvre. Schnitt: Marguerite Renoir. Musik: Joseph Kosma. Regieassistenz: Marcel Camus, Jacques Deray. Darsteller: Georges Marchal (Dr. Valerio), Lucía Bosé (Clara), Gianni Esposito (Sandro Galli), Julien Bertheau (Fasaro), Nelly Borgeaud (Angéla), Jean-Jacques Delbo (Gorzone), Robert Lefort (Pietro), Brigitte Elloy (Magda), Henri Nassiet (Angélas Vater), Gaston Modot (Giuseppe), Pascal Mazotti (Azzopardi), Simone Paris (Mme. Gorzone), Marcel Pérès (Fesco), Yvette Thilly. Produktion: Les Films Marceau, Paris/Laetitia Film, Rom.

1956 *La Mort en ce jardin/La muerte en este jardín* [Der Tod in diesem Garten; früher: Pesthauch des Dschungels]
Buch: Luis Buñuel, Luis Alcoriza, Raymond Queneau, nach der Erzählung von José-André Lacour; Dialoge: Raymond Queneau, Gabriel Arout. Kamera: Jorge Stahl jr. Schnitt: Marguerite Renoir. Musik: Paul Misraki. Regieassistenz: Dossa Mage, Ignacio Villarreal. Darsteller: Simone Signoret (Gin), Georges Marchal (Chark), Michel Piccoli (Pater Lisardi), Michèle Girardon (Maria, die Taubstumme), Charles Vanel (Castin), Tito Junco (Chenko), Luis Aceves Castañeda (Alberto), Jorge Martínez de Hoyos (Hauptmann Ferrero), Manuel Dondé (Funker), Raúl Ramírez (Alvaro), Alberto Pedret (Leutnant), Alicia del Lago. Produktion: Dismage, Paris/Producciones Tepeyac, Mexiko. Produzent: Oscar Dancigers, Jacques Mage.

1958/59 *Nazarín* [Nazarin]
Buch: Luis Buñuel, Julio Alejandro, nach dem gleichnamigen Roman von Benito Pérez Galdós; Dialoge: Emilio Carballido. Kamera: Gabriel Figueroa. Schnitt: Carlos Savage. Musik: «Dios nunca muere» von Macedonio Alcalá sowie Lieder aus der Karwoche von Calanda (Spanien). Regieassistenz: Ignacio Villarreal, Juan Luis Buñuel. Darsteller: Francisco Rabal (Don Nazario), Marga López (Beatriz), Rita Macedo (Adara, Prostituierte), Jesús Fernández (Ujo, der Zwerg), Ofelia Guilmain (Chanfa), Noé Murayama (Pinto), Luis Aceves Castañeda (Vatermörder), Ignacio López Tarso (Kirchendieb), Rosenda Monteros (Prieta), Beatriz Ramoz (Mutter von Beatriz), Raúl Dantés (Sergeant), Aurora Molina, Pilar Pellicer, Antonio Bravo, Edmundo Barbero. Produktion: Producciones Manuel Barbachano Ponce S. A., Mexiko. Produzent: Manuel Barbachano Ponce.

1959 *La Fièvre monte à el pao/Los ambiciosos* [Das Fieber steigt in El Pao; früher: Für ihn verkauf ich mich]
Buch: Luis Buñuel, Luis Alcoriza, Louis Sapin, Charles Dorat, nach dem Roman von Henri Castillou; Dialoge: Louis Sapin. Kamera: Gabriel Figueroa. Schnitt: James Cuenet, Rafael López Ceballos. Musik: Paul Misraki. Regieassistenz: Ignacio Villarreal. Darsteller: Gérard Philippe (Ramón Vásquez), María Félix (Inés Vargas), Jean Servais (Alejandro Gual), Miguel Angel Ferriz (Gouverneur Vargas), Raúl Dantés (García), Domingo Soler (Professor Gardenas), Víctor Junco (Indarte), Roberto Cañedo (Colonel Olivares), Tito Junco, Andrés Soler, Luis Aceves Castañeda (López, Geheimpolizist), Augusto Benedíco. Produktion: Cité Films, Paris/Induss Films, Paris/Terra Films, Paris/Cormoran Films, Paris/Cinematográfica Filmex S. A. Mexiko.

1960 *The Young One/La Joven* [Das junge Mädchen]

Buch: Luis Buñuel, H. B. Addis (Hugo Butler), nach der Erzählung «Travellin' Man» von Peter Matthiessen. Kamera: Gabriel Figueroa. Schnitt: Carlos Savage. Musik: Jesús Zarzoza (das Lied «Sinner Man» wird gesungen von Léon Bibb). Regieassistenz: Ignacio Villarreal, Juan Luis Buñuel. Darsteller: Zachary Scott (Miller, Wildhüter), Key Meersman (Evvie), Bernie Hamilton (Travers), Crahan Denton (Jackson), Claudio Brook (Reverent Fleetwood), Produktion: Producciones Olmeca, Mexiko. Produzent: George P. Werker (USA.).

1961 *Viridiana*

Buch: Luis Buñuel, Julio Alejandro. Kamera: José F. Aguayo. Schnitt: Pedro Del Rey. Musik: Händel («Messias»), Mozart («Requiem»). Regieassistenz: Juan Luis Buñuel, José Puyol. Darsteller: Silvia Pinal (Viridiana), Fernando Rey (Don Jaime, ihr Onkel), Francisco Rabal (Jorge, sein Sohn), Margarita Lozano (Ramona, Dienstmädchen), Victoria Zinny (Lucía), Teresa Rabal (Rita, Ramonas Tochter), José Calvo/Joaquín Roa/Luis Heredia/José Manuel Martín/Dolores Gaos/Juan García Tiendra/Maruja Isbert/Joaquín Mayol/Palmira Guerra/Sergio Mendizábal/Milogros Tomás/Alicia Jorge Barriga (Bettler). Produktion: Uninci/Films 59, Madrid. Produzent: Gustavo Alatriste (Mexiko).

1962 *El ángel exterminador* [Der Würgeengel]

Buch: Luis Buñuel, nach dem Szenarium «Los náufragos de la calle de la Providencia» von Buñuel und Luis Alcoriza, angeregt durch das unveröffentlichte Theaterstück «Los n náufragos» [Die Schiffbrüchigen] von José Bergamín; Dialoge: Luis Buñuel. Kamera: Gabriel Figueroa. Schnitt: Carlos Savage. Musik: Raúl Lavista, Scarlatti, eine Sonate von Paradisi, verschiedene Te Deums. Regieassistenz: Ignacio Villarreal. Darsteller: Silvia Pinal (Leticia, die «Walküre»), Enrique Rambal (Edmundo Nobile), Jacqueline Andere (Alicia Roc), José Baviera (Leandro Gómez), Augusto Benedico (Doktor), Luis Beristáin (Christián Ugaldo), Antonio Bravo (Russell), Claudio Brook (Julio, Majordomus), César Del Campo (Oberst), Rosa Elena Durgel (Silvia), Lucy Gallardo (Lucía Nobile), Enrique García Alvarez (Alberto Roc, Dirigent), Ofelia Guilmain (Juana Ávila, Juanas Bruder), Nadia Haro Oliva (Ana Maynar), Tito Junco (Raúl), Xavier Massé (Eduardo), Ofelia Montesco (Beatrix, Eduardos Verlobte), Angel Merino (Lucas), Patricia Morán (Rita, Christiáns Frau), Patricia De Morelos (Blanca), Bertha Moss (Leonora). Produktion: Uninci/Films 59, Madrid. Produzent: Gustavo Alatriste (Mexiko).

1963/64 *Le Journal d'une femme de chambre* [Tagebuch einer Kammerzofe]

Buch: Luis Buñuel, Jean-Claude Carrière, nach dem gleichnamigen Roman von Octave Mirbeau. Kamera: Roger Fellous. Schnitt: Louisette Hautecœur, Luis Buñuel. Regieassistenz: Pierre Lary, Jean Luis Buñuel. Darsteller: Jeanne Moreau (Célestine), Michel Piccoli (M. Monteil), Georges Gèret (Joseph), Françoise Lugagne (Mme. Monteil), Daniel Ivernel (Hauptmann Mauger), Jean Ozenne (M. Rabour, Gutsbesitzer), Gilberte Géniat (Rose, Haushälterin bei Hauptmann Mauger), Bernard Musson (Küster), Jean-Claude Carrière (Pfarrer), Muni (Marianne), Claude Jaeger (Richter), Dominique Sauvage (Claire), Dominique Zardi (Gendarm), Madeleine Damien, Geymond Vital, Jean Franval, Marcel Rouzé, Jeanne Pérez, Andreé Tainsy, Françoise Bertin, Pierre Collet, Aline Bertrand, Joelle Bernard, Michelle Daquin, Marcel Le Floch, Marc Eyraud, Gabriel Gobin. Produktion: Spéva Films, Paris/Ciné-Alliance, Paris/Filmsonor, Paris/Dear Film, Rom. Produzent: Serge Silberman.

1965 *Simón del desierto* [Simon in der Wüste]
Buch: Luis Buñuel; Dialoge: Julio Alejandro. Kamera: Gabriel Figueroa. Schnitt: Carlos Savage. Musik: Raúl Lavista; religiöse Lieder und Trommler anläßlich der Karwoche in Calanda (Spanien). Regieassistenz: Ignacio Villarreal. Darsteller: Claudio Brook (Simón), Silvia Pinal (Teufel), Hortensia Santovana (Mutter), Jesús Fernández Martínez (Rabadan der Zwerg, Ziegenhirt), Enrique des Castillo (der Krüppel), Enrique Alvarez Félix, Luis Aceves Castañeda, Francisco Reiguera, Eduardo Mac Gregor, Antonio Bravo Sanchez, Enrique García Alvarez (6 Mönche). Produktion: Gustavo Alatriste, Mexiko.

1966/67 *Belle de jour* [Belle des Jour – Schöne des Tages]
Buch: Luis Buñuel, Jean-Claude Carrière, nach dem Roman von Joseph Kessel. Kamera: Sacha Vierny. Schnitt: Louisette Hautecœur. Regieassistenz: Pierre Lary, Jacques Fraenkel. Darsteller: Catherine Deneuve (Séverine Sérizy), Jean Sorel (Pierre Sérizy), Michel Piccoli (Henri Husson), Geneviève Page (Madame Anaïs), Francisco Rabal (Hippolyte), Pierre Clémenti (Marcel), Georges Marchal (Herzog), Françoise Fabian (Charlotte), Maria Latour (Mathilde), Francis Blanche (M. Adolphe), François Maistre (Professor), Bernard Fresson (der Pockennarbige), Macha Méril (Renée Févret), Muni (Pallas, das Dienstmädchen), Dominique Dandrieux (Catherine), Brigitte Parmentier (Séverine als Kind), Iska Khan (asiatischer Kunde), Marcel Charvey (Professor Henri), Marc Eyraud (Barmann), Pierre Marcay (Doktor), Bernard Musson (Butler), Michel Charrel (Diener), D. de Roseville (Kutscher), Adélaide Blasquez (Dienstmädchen), Claude Cerval, Luis Buñuel (trinkt Kaffee im Kurgarten). Produktion: Paris Film, Paris/Five Films, Rom. Produzent: Robert und Raymond Hakim.

1968/69 *La Voie lactée/La vía lattéa* [Die Milchstraße]
Buch: Luis Buñuel, Jean-Claude Carrière. Kamera: Christian Matras. Schnitt: Louisette Hautecœur. Musik: Luis Buñuel. Regieassistenz: Pierre Lary, Patrick Saglio. Darsteller: Laurent Terzieff (Jean), Paul Frankeur (Pierre), Delphine Seyrig (Prostituierte), Edith Scob (Jungfrau Maria), Bernard Verley (Jesus), Georges Marchal (Jesuit), Jean Piat (der Graf, Jansenist), Jean-Claude Carrière (Priscillian), Marcel Pérès (Priester in der spanischen Herberge), Michel Piccoli (Marquis de Sade), Alain Cuny (Mann mit Umhang), Pierre Clémenti (Todesengel), Michel Etcheverry (Präsident-Richter-Inquisitor), Julien Bertheau (M. Richard, Oberkellner), François Maistre (geisteskranker Priester), Claudio Brook (Bischof), Claude CerVal (Brigadier im Autobahnrestaurant), Denis Manuel (Rodolphe, protestantischer Student), Daniel Pilon (François, sein Freund), Ellen Bahl (Mme. Garnier), Augusta Carrière (Schwester Françoise), Agnès Capri (Schulleiterin), Muni (jansenistische Oberin), Jean-Daniel Ehrmann (Verdammter), Pierre Lary (junger Mönch), Bernard Musson (französischer Gastwirt), Douking (Ziegenhirt), Gabriel Gobin (M. Garnier), Pierre Maguélon (Korporal der Zivilgarde), Marius Laurey (blinder Mann), José Bergosa (Diakon), Claude Jetter (Jungfrau in der spanischen Herberge), Béatrice Constantini/Rita Maiden (Priscillians Töchter), Julien Guiomar (spanischer Priester), Jacqueline Rouillard (Kellnerin), Jean Clarieux (Apostel Petrus), Christian Simon (Apostel Andreas), Claudine Berg (Mutter), Christine Simon (Thérèse). Produktion: Greenwich Film Production S. A., Paris/Fraia Rom. Produzent: Serge Silberman.

1969 *Tristana* [Tristana]
Buch: Luis Buñuel, Julio Alejandro, nach dem gleichnamigen Roman von Benito Galdós. Kamera: José F. Aguyo. Schnitt: Pedro Del Rey. Regieassistenz: José Pierre Lary, Roberto Giandalia. Darsteller: Catherine DeneuVe (Tristana), Fernando Rey (Don Lope), Franco Nero (Horacio), Lola Gaos (Saturna), Antonio Casas (Don Cosme), Jesús Fernández (Saturno), Vicente Soler (Don Ambrosio), José Calvo (Glöckner), Fernando Cabrian (Dr. Miquis), Cándido Losado (reicher Bürger), Maria Paz Pondal (Mädchen), Juan José Menéndez (Don Cándido), Sergio Mandizábal (Professor), Antonio Ferrándis, José Maria Caffarel, Joaquim Pamplona. Produktion: Epoca Film, Madrid/Talía Film, Madrid/Selenia Cinematográfica, Rom/Les Films Corona, Nanterre. Produzent: Robert Dorfmann.

1972 *Le Charme discret de la bourgeoisie* [Der diskrete Charme der Bourgeoisie]
Buch: Luis Buñuel, Jean-Claude Carrière. Kamera: Edmond Richard. Schnitt: Hélène Plemiannikov. Regieassistenz: Pierre Lary, Arnie Gelbart. Darsteller: Fernando Rey (Rafaele Costa, Botschafter von Miranda), Delphine Seyrig (Simone Thévenot), Stéphane Audran (Alice Sénéchal), Jean-Pierre Cassel (Henri Sénéchal), Paul Frankeur (François Thévenot), Claude Piéplu (Colonel), Bulle Ogier (Florence), Julien Bertheau (Bischof), Michel Piccoli (Innenminister), Muni (Bäuerin), Milena Vukotic (Inès), Georges Douking (der todkranke Gärtner), Pierre Maguelon (Polizeibrigadier, «der blutige Kollege»), François Maistre (Kommissar Deplus), Maria Gabriella Maione (Terroristin), Bernard Musson (Kellner), Robert Le Béal (Schneider). Produktion: Greenwich Film Production, Paris/Jet Film, Barcelona/Dear Film, Rom. Produzent: Serge Silberman.

1974 *Le Fantôme de la liberté* [Das Gespenst der Freiheit]
Buch: Luis Buñuel unter Mitarbeit von Jean-Claude Carrière. Kamera: Edmond Richard. Schnitt: Hélène Plemiannikov. Regieassistenz: Pierre Lary, Jacques Fraenkel. Darsteller: Adriana Asti (Schwester des 1. Polizeipräfekten und «Dame in Schwarz»), Julien Bertheau (1. Polizeipräfekt), Jean-Claude Brialy (M. Foucauld), Adolfo Celi (Arzt von M. Legendre), Paul Frankeur (Gastwirt), Michel Lonsdale (Hutfabrikant), Pierre Maguelon (Gendarm Gérard), François Maistre (Professor), Hélène Perdrière (alte Tante), Michel Piccoli (2. Polizeipräfekt), Claude Piéplu (Polizeikommissar), Jean Rochefort (M. Legendre), Bernard Verley (Hauptmann der Dragoner), Monica Vitti (Mme. Foucauld), Milena Vukotic (Krankenschwester), Jenny Astruc (Frau des Professors), Pascale Audret (Mme. Legendre), Ellen Bahl (Kinderschwester), Philippe Brigaud (Satyr), Philippe Brizard (Barmann), Agnès Capri (Schuldirektorin), Jean Champion (1. Arzt), Jacques Debarry (Gerichtsvorsitzender), Anne-Marie Deschott (Edith Rosenblum), Michel Dhermay (französischer Offizier), Philippe Lancelot (2. Offizier), Paul Le Person (Pater Gabriel), Pierre Lary (der freigesprochene Mörder), Marius Laurey (Friedhofswächter), Alix Mahieux (Empfangsdame), Maxence Mailfort (Leutnant der Dragoner), Annie Monange (Opfer des Mörders), Gilbert Montagne (junger Mönch), Muni (Hausmädchen), Bernard Musson (Pater Raphael), Jean Mauvais (Polizeibeamter), Marc Mazza (Panzerführer), Marcel Pérès (ein Mönch), Marie-France Pisier (Mme. Calmette), Pierre-François Pistorio (François), Jean Rougerie (Gast), André Royer (Brigadier), Produktion: Greenwich Film Production, Paris. Produzent: Serge Silberman.

1979 *Cet obscur objet du désir* [Dieses obskure Objekt der Begierde]
Buch: Luis Buñuel und Jean-Claude Carrière nach dem Roman «La Femme et le pantin» (Die Frau und der Hampelmann) von Pierre Louÿs. Kamera: Edmund Richard. Ausstattung: Pierre Guffroy. Produktionsmanager: Ully Pickard. Produzent: Serge Silberman. Darsteller: Fernando Rey (Mathieu), Carole Bouquet und Angela Molina (Conchita), Julien Bertheau (Richter), André Weber (Valet), Milena Vukotic (Reisende), Pieral (Psychologe). Eine Produktion der Greenwich Film Production (Paris), Les Films Galaxie (Paris) und In Cine (Madrid)

Bibliographie

Literarische surrealistische Texte

Instrumentacion. In: Horizonte (Madrid) 1924, nachgedruckt in J. F. ARANDA: Luis Buñuel, biografía critica. Barcelona 1975 (2. Auflage). S. 327f (Engl. in: J. F. ARANDA, Luis Buñuel. A Critical Biography. London 1975. S. 251f

Suburbios. In: Horizonte 4/1923, nachgedruckt in: J. F. ARANDA, a. a. O., S. 330f (Engl. in: ARANDA, a. a. O., S. 254

Palacio de hielo. In: Horizonte, 1924, nachgedruckt in: ARANDA, a. a. O., S. 335

Redentora. In: La gaceta literaria 50/1922, nachgedruckt in: ARANDA, a. a. O., S. 35f

Pajaro de Angustia. In: El perro andaluz, Helix 4/Mai 1929, nachgedruckt in: ARANDA, a. a. O., S. 336f

El arco iris y la cataplasma. In: El perro andaluz, nachgedruckt in: ARANDA, a. a. O., S. 338 (Engl. in: ARANDA, a. a. O., S. 255)

Proyecto de cuento. In: ARANDA, a. a. O., S. 338f (Engl. in: ARANDA, a. a. O., S. 256)

Una historia decente [unpubliziert]. Erstveröffentlichung in: ARANDA, a. a. 0., S. 339f (Engl. in: ARANDA, a. a. O., S. 256f

Historia indecente (1927) [unpubliziert]. Erstveröffentlichung in: ARANDA, a. a. O., S. 340 (Engl. in: ARANDA, a. a. O., S. 257)

La gradable consigna de Santa Huesca Inscripcion para la lapida del trozo de carne (1927) [unpubliziert]. Erstveröffentlichung in: ARANDA, a. a. O., S. 340f (Engl. in: ARANDA, a. a. O., S. 257f)

Carta (1927) [unpubliziert]. Erstveröffentlichung in: Positif 31/November 1959 (Span. in: ARANDA, a. a. O., S. 343f; engl. in: ARANDA, a. a. O., S. 258f)

Muy importante [unpubliziert]. Erstveröffentlichung in: ARANDA, a. a. O., S. 344 (Engl. in: ARANDA, a. a. O., S. 260)

Réponse à un questionnaire surréaliste sur l'amour. In: La Revolution surréaliste 12/Dezember 1929; nachgedruckt in ADO KYROU: Buñuel, Paris 1962 (Span. in: ARANDA, a. a. O., S. 345f; engl. in: ARANDA, a. a. O., S. 260

Une Girafe. In: Le Surréalisme au service de la Révolution 6/Mai 1933; nachgedruckt in: KYROU, a. a. O. (Span. in: ARANDA, a. a. O., S. 347; engl. in: ARANDA, a. a. O., S. 262f; deutsch in: Luis Buñuel. Eine Dokumentation. Bad Ems 1965. S. A 86f

Filmkritische Arbeiten

Una noche en el «Studio des Ursulines» (Dezember 1926). In: ARANDA, a. a. O., S. 353 f (Engl. in: ARANDA, a. a. O., S. 265 f)

Metrópolis (1927). In: ARANDA a. a. O., S. 357 f (Engl. in: ARANDA, a. a. O., S. 266 f, franz. in: Cahier du Cinéma 223/August 1970)

Juana de Arco, de Carl Dreyer (1927). In: ARANDA, a. a. O., S. 360 (Engl. in: ARANDA, a. a. O., S. 268)

La dama de las camelias (1927). In: ARANDA, a. a. O., S. 362 f (Engl. in: ARANDA, a. a. O., S. 268 f)

Napoleon Bonaparte. In: Cahiers d'Art 3/1927, nachgedruckt in: ARANDA, a. a. O., S. 381 f (Engl. in: *Aranda*, a. a. O., S. 271 f; franz. in: KYROU, a. a. O.; deutsch in: Filmkritik 1965, Nr. 11)

Quand la chair succombe. In: Cahiers d'Art 10/1927, nachgedruckt in: *Aranda*, a. a. O., S. 382 f (Engl. in: *Aranda*, a. a. O., S. 272; franz in: KYROU, a. a. O.; deutsch in: Filmkritik 1965, Nr. 11)

Sportif par amour. In: Cahiers d'Art 10/1927, nachgedruckt in: *Aranda*, a. a. O., S. 383 f (Engl. in: ARANDA, a. a. O., S. 272; franz. in: KYROU, a. a. O.; deutsch in: Filmkritik 1965, Nr. 11)

Noticias de Hollywood. In: La Gaceta Literaria (Madrid) 1928, nachgedruckt in: ARANDA, a. a. O., S. 365 f (Engl. in: ARANDA, a. a. O., S. 269 f)

Variaciones sobre el bigote de Menjou. In: ARANDA, a. a. O., S. 368 f (Engl. in ARANDA, a. a. O., S. 270)

Del plano fotogenico. In: ARANDA, a. a. O., S. 371 f (Franz. in: Cahiers du Cinéma 223/August 1970)

«Decoupage» o segmantacion cinegrafica. In: La Gaceta Literaria, Dezember 1928, nachgedruckt in: ARANDA, a. a. O., S. 376 f (Franz. in: Cahiers du Cinéma 223)

El cine, instrumento de poesia. In: Universidad de México Vol. 13, Nr. 4, Dezember 1958 (Engl. in: ARANDA, a. a. O., S. 273 f; franz. in: KYROU, a. a. O., deutsch in: Der Film. Manifeste, Gespräche, Dokumente, Bd. 2. Hg. von THEODOR KOTULLA. München 1964

Déclaration. In: Positif 10/Juli–August 1954 (Engl. in: Filmculture 21/Sommer 1960; deutsch in: Filmforum 1960 Nr. 9 und in Cinema, Zürich, Nr. 24, Winter 1960–1961)

Selbstzeugnisse

1939 entwarf Buñuel die Skizze für eine Autobiographie, die auszugsweise in der Monographie von J. FRANCISCO ARANDA und in der Zeitschrift Positif, Nummer 146 und 147, veröffentlicht worden ist.

Interviews

ANDRÉ BAZIN und JACQUES DONIOL-VALCROZE in: Cahiers du Cinéma 36/Juni 1954 (Engl. in: Sight and Sound Vol. 24, Nr. 4 [Frühjahr 1955, gekürzt]: deutsch in: Der Film, a. a. O., S. 249–262)

FRANÇOIS DE MONTFERRAND in: Radio-Cinéma-Télévision v. 20. 6. 1954
SIMONE DEBREUILHHIN: Les Lettres Françaises, 1959
JEAN DE BARONCELLI in: Le Monde v. 16. 12. 1959
MICHÈLE MARCEAUX in: L'Express v. 12. 5. 1960
YVETTE ROMI in: Le Nouvel Observateur v. 28. 12. 1966
YVONNE BABY in: Le Monde v. 14. 9. 1972
JOSÉ CASTELLÓN DÍAZ in: Nuestro Cinema 15/Februar 1935
FAUSTO COSTILLO in: México en la Cultura 478, 11. 5. 1958
ELENA PONTIAKOWSKA in: Revista de la Universidad de México, Januar 1961
CARLOS SAURA in: Nuestro Cine, Januar 1963
JUAN COBOS und GONZALO S. J. DE ERICE in: Griffith (Madrid), Nr. 1, Juni 1965
    (Franz. in: Cahiers du Cinéma 191/Juni 1967; deutsch in: Filmstudio [Frankfurt
    a. M.] 55/1968)
DANIEL AUBRY und J. M. LACOR in: Film Quarterly, Vol. 12, Nr. 2
DEREK PROUSE in: Sight and Sound, Vol 29, Nr. 3
KENJI KANESAKA in: Film Culture 24/Frühjahr 1962
PETER LENNON in: The Guardian v. 7. 1. 1964
RICHARD NASON in: The New York Times v. 11. 10. 1969
WILFRIED BERGHAHN in: Filmkritik 5/1963
MANUEL MICHEL in: GREGOR, Wie sie filmen. Gütersloh 1966. S. 88–101
ROXANE SAINT-JEAN in: Positif 162/Oktober 1974 (deutsch in: JANSEN und SCHÜT-
    TE, Luis Buñuel, a. a. O., S. 52–58 [leicht gekürzt])
MANUEL ALCALÁIN: Film Korrespondenz 12/1974

Erinnerungen

PIERRE KAST: À la recherche de Luis Buñuel avec Jean Grémillon, Jean Casta-
    nier, Eli Lotar, L. Vines et Pierre Prévert. In: Cahiers du Cinéma 7/Dezember
    1951
EMANNUEL ROBLÈS: À Mexiko avec Buñuel. In: Cahiers du Cinéma 56/Februar
    1956
GABRIEL AROUT: En travaillant avec Luis Buñuel. In: Cahiers du Cinéma 63/Ok-
    tober 1956
CARLOS SAURA: Le retour en espagne. In: Positif 42/November 1961
CONCHITA BUÑUEL-GARCÍA: Mon frère Luis. In: Positif 42/November 1961
    (deutsch in: Filmkritik 15/1963 [gekürzt])
MOISES PEREZ COTERILLO: Max Aub et Luis Buñuel: le roman d'une génération.
    In: Ecran 72, Nr. 8/September/Oktober 1972
ROMAN GUBERN: L'Exil de Buñuel à New York. In: Positif 146/Januar 1973
SALVADOR DALÍ: The secret life of Salvador Dalí. New York–London 1942
KENJI KANESAKA: A Visit to Luis Buñuel. In: Film Culture 41/Sommer 1966

Literatur über Luis Buñuel

Monographien

Luc Moullet: Luis Buñuel. Brüssel 1957 (= Encyclopédie du cinéma 5)
Freddy Buache: Luis Buñuel. Lyon 1960 (= Premier Plan 13 [Neuauflage 1964 als Premier Plan 33])
Ado Kyrou: Luis Buñuel. Paris 1962 (= Cinéma d'aujourd'hui 4 [Neuauflagen 1964, 1970])
Michel Estève (Hg.): Luis Buñuel. Études cinématographiques 20–23/Herbst 1962–Frühjahr 1963
Pour Buñuel. Toulouse 1964
Carlos Rebolledo: Luis Buñuel. Paris 1964 (= Classiques du Cinéma 16)
Freddy Buache: Luis Buñuel. Lausanne 1970
Antonio Galvez: Luis Buñuel. Paris 1970 [Bildband mit einem Vorspruch von Luis Buñuel]
   Nuevo Cine, dedicado a Luis Buñuel a Luis Buñuel 4–5/November 1961
Eduardo Lizalde: Luis Buñuel. México: 1962 (= Cuadernos de Cine 2)
J. Francisco Aranda: Luis Buñuel. Biografia critica. Barcelona 1969 [Neuauflage mit erweitertem Textteil 1975]
Ada Kyrou: Luis Buñuel. New York/1963 [aus dem Franz.]
Raymond Durgnat: Luis Buñuel. London-Berkeley 1968
Freddy Buache: The Cinema of Luis Buñuel. London–New York 1973 [aus dem Franz.]
J. Francisco Aranda: Luis Buñuel. A critical biography. London 1975 [aus dem Span.]
Alice Goetz und Helmut W. Banz (Hg.): Luis Buñuel. Eine Dokumentation. Bad Ems 1965
Peter W. Jansen und Wolfram Schütte (Hg.): Luis Buñuel. München 1975 (= Reihe Film 6)

In Filmgeschichten und allgemeinen Werken

Jacques B. Brunius: En marge du cinéma français. Paris 1954
Claude Mauriac: L'Amour du cinéma. Paris 1954. S. 58–65
Henri Agel: Miroirs de l'insolite dan le cinéma français. Paris 1958. S. 137–150

CHARLES PORNON: La rêve et le fantastique dans le cinéma français. Paris 1959

AMÉDÉE AYFRE: Conversion aux images? Paris 1964. S. 75–93

ADO KYROU: Amour, erotisme et cinéma. Paris 1966. S. 225–229

ROGER MANVELL (Hg.): Experiment in the Film. London 1959. S. 60–112

ALAN LOVELL: The Anarchist Cinema. London 1963

DAVID ROBSON: World Cinema. London 1973. S. 146–147, 276–280

J. H. MATTHEWS: Surrealism and Film. Ann Arbor 1971. S. 138–171

PETER HARCOURT: Six European Directors [darin: Luis Buñuel: Spaniard and Sur-realist]. Harmondsworth. S. 102–135

MICHAEL GOULD: Surrealism and the cinema. London/New York 1976. S. 59–81

ULRICH GREGOR und ENNO PATALAS: Geschichte des Films. Gütersloh 1962. S. 87-90, 432–435

Geschichte des modernen Films. Gütersloh. S. 236–239

HORST KNIETZSCH: Film gestern und heute. Leipzig-Jena-Berlin 1967 (3. Aufl.). S. 423–424

MARTIN SCHLAPPNER: Filme und ihre Regisseure. Bern-Stuttgart o. J. S. 79–83

JERZY TOEPLITZ: Geschichte des Films 1895–1928. München 1973. S. 455–456

Geschichte des Films 1928–1933. München 1977. S. 327–332

Drehbücher, Filmtexte und Filmprotokolle

Zu: *Un chien andalou*. Ein andalusischer Hund
Filmtext in: Revue du Cinéma 5/November 1929, und in: La Révolution surréaliste 12/1929, und in: Premier Plan 13/Oktober 1960.
Drehbuch und Filmprotokoll in: L'Avant-Scéne du Cinéma 27–28/Juni–Juli 1963 – Span.: México 1971 – Engl.: London–New York 1968 – Ital.: Turin 1974 – Dt.: Bad Ems 1965
Zu: *L'âge d'or*. Das goldene Zeitalter
Filmtext: L'Avant-Scéne du Cinéma 27–28/Juni–Juli 1963 – Span.: México 1971 – Engl.: London–New York 1968 – Ital.: Turin 1974 – Dt.: Bad Ems 1965
Zu: *Las hurdes/Tierra sin pan*
Filmtext: L'Avant-Scéne du Cinéma 36/1964 (Vorwort Marcel Oms) – Ital.: Turin 1974 – Dt.: Bad Ems 1965
Zu: *Los olvidados*. Die Vergessenen
Filmtext: L'Avant-Scéne du Cinéma 137/Juni 1973 (Vorwort von André Cornand) – Engl.: London–New York 1972 (Vorwort von André Bazin, übersetzt aus Esprit v. 15. 1. 1952)
Zu: *Nazarín*. Nazarin
Filmtext: L'Avant-Scéne du Cinéma 89/Februar 1969 (Vorwort von Réne Gilson) – Engl.: London–New York 1972 (Vorwort von J. Francisco Aranda) – Ital.: Turin 1974 – Dt.: Frankfurt a. M. 1964 (= Spectaculum – Texte moderner Filme Bd. 2. S. 87–168)
Zu: *Viridiana*. Viridiana
Filmtext: Paris 1962 (= Domaine cinéma Bd. 2 [Vorwort von Georges Sadoul]) – Span.: México 1966 – Engl.: New York 1969 – Ital.: Turin 1974 – Dt. (von Frieda Grafe): Hamburg 1962 (= Cinemathek Bd. 4 [Nachwort von Theodor Kotulla])
Zu: *El ángel exterminador*. Der Würgeengel
Filmtext: L'Avant Scéne du Cinéma 27–28/Juni–Juli 1963 – Span.: Barcelona 1964 (= Voz-Imagen Bd. 9) – Engl. New York 1969, London–New York 1972 (Vorwort von Ado Kyrou) – Ital.: Turin 1974
Zu: *Le journal d'une femme de chambre*. Tagebuch einer Kammerzofe
Filmtext: L'Avant-Scéne du Cinéma 36/1964 (Vorwort von Marcel Martin) und Paris 1971 (= Points/Films Bd. 4) – Dt. (von Fried Grafe) Hamburg 1964 (= Cinemathek Bd. 10)
Zu: *Simón del desierto*. Simon in der Wüste
Filmtext: L'Avant-Scéne du Cinéma 94–95/Juli–September 1969 – Engl. New York 1969 – Ital. in: Cineforum 51/Januar 1966, Turin 1974
Zu: *Belle du jour*. Belle de Jour – Schöne des Tages

Filmtext: Engl.: London–New York 1971 [auf der Basis des Regiedrehbuchs]

Zu: *La Voie lactée*. Die Milchstraße.

Filmtext: L'Avant-Scéne du Cinéma 94–95/Juli–September 1969 – Ital.: Turin 1974

Zu: *Tristana*. Tristana

Filmtext: L'Avant-Scéne du Cinéma 110/Januar 1971 (Vorwort von André Cornand) – Engl.: London–New York 1971 (Vorwort von J. Francisco Aranda)

Zu: *Le Charme discret de la bourgeoisie*. Der diskrete Charme der Bourgeoisie

Filmtext: L'Avant-Scéne du Cinéma 135/Mai 1973 (Vorwort von Michel Delain, nachgedruckt aus: L'Express v. 24. 7. 1972) – Span.: Barcelona 1973 (= Voz-Imagen Bd. 26) – Ital.: Turin 1974

Zu: *Le Fantôme de la liberté*. Das Gespenst der Freiheit

Filmtext: L'Avant-Scéne du Cinéma 151/Oktober 1974

Namenregister

Die kursiv gesetzten Zahlen bezeichnen die Abbildungen

Über den Autor

Michael Schwarze, geboren 1945, studierte Politologie und promovierte über ein Thema aus der Exilforschung, das sich mit der Bedeutung des Kulturerbes und der Volksfrontstrategie der KPD befaßt. Seit einigen Jahren arbeitet er als Filmkritiker in der Feuilleton-Redaktion der Frankfurter Allgemeinen Zeitung.

Quellennachweis der Abbildungen

rowohlts mono-graphien

in Selbstzeugnissen
und Bilddokumenten
Herausgegeben
von Kurt und Beate
Kusenberg

**Betrifft: Kunst
Theater
Film**

rowohlts mono- graphien

in Selbstzeugnissen
und Bilddokumenten
Herausgegeben
von Kurt und Beate
Kusenberg

Betrifft: Musik

rowohlts mono- graphien

in Selbstzeugnissen
und Bilddokumenten
Herausgegeben
von Kurt und Beate
Kusenberg

Betrifft: Literatur

rowohlts mono- graphien

in Selbstzeugnissen
und Bilddokumenten
Herausgegeben
von Kurt und Beate
Kusenberg

Betrifft: Literatur

rowohlts mono- graphien

in Selbstzeugnissen
und Bilddokumenten
Herausgegeben
von Kurt und Beate
Kusenberg

Betrifft: Literatur

rowohlts mono-graphien

in Selbstzeugnissen und Bilddokumenten Herausgegeben von Kurt und Beate Kusenberg

bildmono ro ro ro graphien

Betrifft: Literatur

947/5c